时代见证·系列丛书

全球视野 中国立场

流动的盛宴

中国金融纪事
2008—2018

《时代周报》社-主编

SPM

南方出版传媒

广东人民出版社

·广 州·

图书在版编目（CIP）数据

流动的盛宴：中国金融纪事2008—2018/《时代周报》社主编. —广州：广东人民出版社，2018.11

ISBN 978-7-218-13117-7

Ⅰ . ①流… 　Ⅱ . ①时… 　Ⅲ . ①金融—经济史—中国—2008–2018 Ⅳ. ①F832.96

中国版本图书馆CIP数据核字（2018）第182920号

LIUDONG DE SHENGYAN

流 动 的 盛 宴

ZHONGGUO JINRONG JISHI 2008–2018

中国金融纪事2008—2018

《时代周报》社　主编　　　　　　　　　　　　版权所有　翻印必究

出 版 人：肖风华

策 划 人：孙　波
执行主编：吴　慧　谭　骥　曾向荣

责任编辑：梁　茵　廖志芬
责任技编：周　杰　易志华

出版发行：广东人民出版社
地　　址：广州市大沙头四马路10号（邮政编码：510102）
电　　话：（020）83798714（总编室）
传　　真：（020）83780199
网　　址：http://www.gdpph.com
印　　刷：珠海市鹏腾宇印务有限公司
开　　本：787mm×1092mm　1/16
印　　张：15.5　　字　　数：240千
版　　次：2018年11月第1版　2018年11月第1次印刷
定　　价：58.00元

序

大国金融新时代

文 /张平扬

人们习惯于在"逢十"的年头，庆祝抑或纪念重大的历史事件，着意表达他们与过往的联系，强调从中获取的经验。时代周报出品的《流动的盛宴：中国金融纪事2008—2018》，就是这样一根连接历史和现实的纽带，同时也是中国金融进入新时代的见证。

2008年，肇始于美国华尔街的金融海啸，席卷了全球，中国也未能独善其身。就在这一年初冬，《时代周报》在广州创办。秉持"全球视野，中国立场"的方法论，《时代周报》为时代立心，代精英立言，一步一步成长为影响深远的主流财经媒体。

2018年，是《时代周报》的第10年，也是全球金融危机十周年。危与机相依相生，祸与福所伏所倚。2008年金融危机后，受主要经济体货币政策的推动，量化宽松如细水长流般，源源不断地注入全球主要市场，由此开启了一场流动性的盛宴。

这十年，是中国金融业增长迅猛的十年。2008年，彼时出炉的《银行家》全球1000强银行排行榜，揭示了次贷危机后全球银行业的新变化，中国工商银行和中国银行新晋为全球银行业前10强。而在此之前的30年，全球银行业的头部势力主要由美国、日本和欧洲三分天下。以此为起点，中国银行业异军突起，全球竞争格局得以重塑。2017年，再看全球1000强银行排行榜，中国四大国有银行笑傲群雄，摘得了全球前10强中的四席，工商银行"宇宙行"的称呼几乎是约定俗成。

不只是银行，保险、证券、基金等金融业态同样快速发展，中国成为金融大国。金融业增加值成为中国GDP增长的重要动力，其占比从2007年的5.62%快速攀升到2017年的7.95%。相比之下，美国的这一指标为8%左右，日本和欧洲甚至低于5%。当然，金融业不能脱离实体经济而单独发展，增加值占比过高恰是泡沫的表现。只有充当实体经济的"加油站"，实现高质量发展，金融业增加值对中国经济增长才更具价值。

这十年，是中国金融业拥抱金融科技的十年。金融科技是基于科技的金融创新。它最早起步于金融信息化，以技术替代手工计算，优化业务流程，提升金融服务的效率，此后渐成燎原之势。2013年至今，以第三方支付、P2P为代表的互联网金融，先后经历了野蛮生长和规范发展的阶段，金融科技步入2.0时代。

伴随着云计算、区块链和人工智能等领域的重大突破，金融科技将进入3.0时代。令人鼓舞的是，传统金融机构已经主动布局，积极拥抱变化。可以预测的是，在未来的行业竞争中，大数据将成为金融科技最有效的竞争壁垒，金融机构需要构建以客户为核心、基于互联网思维的金融生态圈。

这十年，是中国金融监管体制稳健改革的十年。2008年金融危机后，经过漫长的调整，全球经济迎来了大范围的同步复苏，大多数经济体的增长速度都快于前些年。不过，复苏和脆弱是这枚硬币的两面，人们不能忽视繁荣背后的潜在风险。值得警醒的是，近些年来，中国的宏观杠杆率快速上升。2008年金融危机的一个深刻教训，就是高杠杆极易积重难返，是金融体系脆弱性的总根源。

当下，贸易保护主义出现抬头之势。倘若贸易保护主义愈演愈烈，势必引发国际金融市场动荡。中央已经明确指出今后几年的三大攻坚战，防范化解重大风险是三大攻坚战之首，而防范化解重大风险的重点，即防范化解金融风险。与之相匹配，中国金融监管体系进行了稳健的改革。

做生意就要有本钱，但借钱是要归还的。当杠杆的盛宴还在进行时，及时拿走盛满酒的大酒杯，这考验着金融监管者的勇气和智慧。

CONTENTS **目　录**

第三章

罪与罚

第四章

大鳄沉浮

第五章

新金融

第一章

猫和老鼠

以2008年的全球金融危机为起点，伴随着一系列刺激政策的出台，我国金融行业在这十年迎来了发展最快速的时期，金融业增加值占GDP的比重不断攀升。但不断壮大的金融体系也出现了诸多问题，例如，花样百出的监管套利，日益增多的资金空转和脱实向虚，在互联网思维掩护下无序膨胀的互联网金融。而保险公司借助万能险做大，不断举牌上市公司更是引起了轩然大波。于是，在监管者与被监管者之间，常常出现犹如"猫与老鼠"的博弈。

金融体系的"虚胖"无助于提升中国的国际竞争力，2015年的股灾等风险事件给膨胀的金融体系敲响了警钟，在美联储加息等外部事件冲击下，内外共振，容易引发系统性金融风险。2016年底以来，整治金融风险的大幕拉开，服务实体经济、防控金融风险、加强监管协调，成为中国金融行业的关键词。

十年来，周小川、易纲、刘明康、郭树清、刘士余……这些名字耳熟能详。他们曾是或现在仍是中国金融政策的制定者和金融体系的"看门人"。细心观察和解读他们的言行，有助于厘清十年来金融监管的变局。

易纲：

不支持零利率救市

文/张子鹏

易　纲

编者按

2018年3月，易纲就任新一任央行行长。和他的前任周小川相似，易纲也是一位学者型官员，早年就读于北大，后赴美留学。多年来，他一直从事于中国经济的调查研究，尤其是在货币、银行和金融市场方面。2009年初春，时代周报记者在北京专访了时任央行副行长的易纲，彼时，他的货币政策思想已初露峥嵘。

2009年1月，中国CPI同比上涨1%，涨幅连续9个月回落。在世界金融危机还在深化的背景下，这让财经官员和学界开始担心，接下来CPI是否将成为负数，出现通货紧缩？

中国是否会紧随美国、日本，实行零利率、准零利率或数量宽松的货币政策，以应对经济滑坡？对此，中国人民银行副行长易纲表示，零利率或准零利率不一定是中国的占优选择。

在回顾过去两年的货币政策和经济发展时，易纲说，2008年每个季度的贷款都超过一万亿，比较均匀。他解释说，如果上半年从紧，下半年适度宽松，那么贷款是不均匀的。实际上在执行过程中，四个季度的贷款分布是均匀的。

|| 货币政策由公众评判

时代周报：应对这次金融危机，与应对1929年的经济危机有什么不同？

易纲：全球经济确实是进入了1929—1933年大萧条以来最严重的经济危机。所不同的是，我们现在的社会保障和我们现在的宏观经济政策有可能比那时更加成熟。

由于社会保障体系的相对完善和宏观经济政策经验积累，可能使得这一波金融危机所造成的实体经济的衰退，与1929—1933年比较会有所不同。

在1998—2002年这5年期间，中国有通货紧缩压力。去年的通货膨胀率是5.9%。也就是说我们有这么多次反通胀的经验，有利于应对经济危机。

时代周报：预测未来，你主要关注哪方面的经济数据？

易纲：我在去年9、10月份的时候，看到了大宗商品价格的急剧暴跌，也看到了世界经济周期由于金融危机，导致的实体经济衰退和可能的失业增加，当时就讲了一个存货模型，现在看，存货的调整是按照模型的逻辑进行的。

在经济繁荣期存货相对增加，在经济萧条期间存货减少。中国的工业产值占GDP比重较大，而重化工业所占比重又很大。这样一个结构，包括原油、有色金属价格的暴跌叠加在一起，就使得相对其他国家，中国的存货调整更为剧烈。

在剧烈调整后存货会在一个相对低的水平上进入平稳期，从一定意义上说，由于存货调整所带来的那部分工业、发电量、运输的下滑会有所缓解。

时代周报：如何评价央行2007—2008年的货币政策？

易纲：2007年我们实行的是稳健的货币政策，重点是反通胀、防止经济过热。采取的措施包括，10次上调存款准备金率，共计5.5个百分点。一年期存款6次加息，累计上调了1.62个百分点，上调到4.14%的水平。一年期贷款利率累计上调1.35个百分点，达到7.47%。

2007年GDP的结果，开始公布的是11.4%，后来调到11.9%，上个月调到了13%，是一个相当高的年份。

2007年的人民币贷款增加了3.63万亿元，创历史新高，M2增长16.7%，外汇储备增加4619亿美元，增长43.3%，人民币对美元升值6.9%。

2007年实际CPI上涨4.8%，贸易顺差2627亿美元。

这样的宏观经济数据配合这样的货币政策。大家可以看到货币政策的力度、科学性、有效性和超前性。

但是通货膨胀的高峰发生在2008年1季度，2008年2月份，CPI达到8.7%。

2008年上半年，我们实行的是从紧的货币政策，5次上调存款准备金率，共计3个百分点。但是一些农村信用社，特别是规模较小、支农贷款涉农贷款比重比较高的1379个县的农信社，没有上调。

2008年第一季度到第二季度，有许多经济学家批评中国的负利率，但是2008年没有加一次息。

2008年上半年存款准备金率上调了3个百分点，所收回的流动性，远远少于外汇占款吐出的基础货币。

下半年就变成一保一控，适度宽松的货币政策。4次下调存款准备金率，共计2个百分点；5次降息，一年期存款利率累计下调1.89个百分点至2.25%，一年期贷款利率累计下调2.16个百分点至5.31%，下调的力度和速度也是比较快的。

2008年是什么结果呢？GDP增长9%，CPI上涨5.9%，贸易顺差2955亿美元，M2同比增长17.8%。外汇储备增长4178亿美元，增长了27%。人民币对美元升值6.88%。

2008年人民币贷款比年初增加4.9万亿元，再创历史新高，每个季度都超过一万亿，贷款是比较均匀的。

罗列这些事实交给社会公众，由社会公众和经济学家和历史来评判货币政策的科学性、有效性、前瞻性，是不是达到一个相对优化的路径。

｜｜ 零利率导致流动性外流

时代周报：在中国面临可能的通缩威胁的时候，你如何看待世界上一些国家正在采取的零利率和数量宽松的货币政策？

易纲：关于零利率和数量宽松的货币政策，最著名的分析是美联储主席伯南克教授在2002年的讲话（编者注：当时伯南克还是普林斯顿大学经济系主任、美联储的理事）。他认为，即使是零利率，也可以通过数量宽松的货币政策继续放松银根。他的分析表明美联储反通缩的决心。

伯南克结论是，在纸币制度下，一个果断的政府，能够创造出更高的支出和随之而来的正通胀，即使是名义利率为零的时候也是如此。

我相信在2002年的时候，伯南克教授绝没有想到零利率会落到美国身上。

有人说零利率和数量宽松在日本的实践说明该政策无效。但伯南克认为并非如此，在日本无效，是因为日本财政赤字太大，日本政治决断力不够及各国利益集团的阻力等原因。他相信即使是在零利率下中央银行通过印钞票数量宽松，能够制造正的通胀。

但我想说的，是零利率宽松和数量宽松货币政策的局限性。由于日本的零利率造成了套利交易，日本的借贷成本很低，投资者借入低成本的日元资金，然后把日元换成美元、欧元、澳元或者是新元在海外进行投资活动导致中央银行的意图落空。

现在零利率落到美国头上了，美国的联邦基金利率，相当于我们货币市场的隔夜利率，目标区间是0到0.25。

伯南克先生在2002年非常雄辩的分析，能否正确运用在美联储的货币操作上？现在看，美国的货币供应量确实有所增加，信贷紧缩也略微改善，但美国一样会遇到与日本类似的难题。

‖ 当前利率能攻能守

时代周报：中国会否以零利率政策应对通货紧缩？

易纲：零利率或者是准零利率政策不一定是中国的占优选择。因为中国的储蓄存款余额占GDP比重非常高，中国的劳动生产率和全要素生产率现在还在不断提高。利率反应资本的生产力，中国的平均资本回报率和边际资本回报率都不支持零利率政策。

另外，我们的商业银行利润主要靠利差收入，来自中间业务的较少。在日本，假如存贷款利差不到一个百分点，必然有很多中间收费业务。收费业务在目前的中国不够普及，这也不支持零利率。

时代周报：与其他国家相比，中国利率下调空间还有多大？

易纲：各国金融市场利率有三类，银行间市场利率、债券市场收益率、对客户的零售利率。

美国12个月贷款利率，现在平均是2.14%，最优贷款利率是3.25%，三年期住房抵押贷款利率还在5%以上。唯一利率低的是日本，六个月到一年期贷款的利率是0.625%，最优贷款利率1.47%，住房抵押贷款利率3.71%。

中国一年期存款利率是2.25%，一年期贷款利率是5.31%，我们的住房抵押贷款如果享受七折优惠的话还不到5%。

有人说美国都快零利率了，中国的降息空间太大了。在这个问题上，我强调，苹果比苹果，橘子比橘子。不能把我们的存贷款利率与美国的联邦基金利率也就是隔夜利率相比。看零售利率，我们与美国和欧洲已经差不多了，只是日本是个案。

此外，美国联邦基金利率是0到0.25%。日本隔夜利率目标是0.1%，接近于0。与之匹配的，中国现在隔夜利率是0.8%～0.9%。

实际上，中国短期利率的下限，就是中央银行制定的超额准备金利率，是0.72%，所以我们的隔夜利率不可能低于0.72%。

在目前情况下，中央银行反通缩和维护币值稳定的决心是坚定不移的。完全可以通过各种货币政策工具的最优组合，包括相对较低的利率，来有效实施适度宽松的货币政策。

我个人认为利率合适水平是一个进能攻退能守的。相对的，日本的利率水平已经0.1，就在一个墙角了，利率上没有什么文章可做了，因为0是一个绝对下限。

我们现在的利率是一个挺主动的利率，不是说现行利率不动，而是还处在一个进能攻退能守的位置上。我们适度宽松的货币政策，当然有比较低利率的理所当然的含义。

时代周报：现在是否已看到通货紧缩的隐忧了？

易纲： 通缩的问题同样有一个基数的效应。比如，2008年CPI是5.9%，其中三点几是翘尾因素，就是说2008年的CPI一点都不长，通胀也有三点几。

现在我们所公布的CPI是同比CPI。实际上它已经滞后一年了，是1月份跟去年的1月份比，差了12个月。

2009年的翘尾的因素为负，我个人计算的是负1.2，假如2009年物价完全是平稳的，一点都没有新增因素，2009年的CPI也是负的1.2，因为翘尾因素已经在那了。我们对CPI要有一个非常平常心的分析。

经济运行最好是平稳的，通缩和通胀对经济对老百姓都不好。我们保持币值稳定就含有既反通缩又反通胀，这是对内；对外就是汇率在合理水平上基本稳定。从长远看我们要保持币值稳定，就含有既防通缩也防通胀的含义。

（原文刊发于《时代周报》2009年2月23日第14期）

刘明康三年严管：三大行称冠全球

文 / 李冰心

2008年，当美国银行业创下18年来首次整体季度亏损时，它的中国同行却在刷新年度盈利纪录，5834亿元。

毫无疑问，中国银行业正在强势崛起。

并且，悄然但却坚定地改写着亚洲乃至全球的金融版图，在世界金融市场注入了越来越多的中国气质和中国力量。

在全球金融危机肆虐的非常时刻，世界都在思考：中国银行业如何成功地由孱弱变强大？

就在10年前，中国银行业还被视为最弱小者，10年之间，却一跃成为世界魁首。我们也在思考：中国银行业为什么？

中国银行业当家人刘明康的面目悄然闪现，连同他运筹帷幄的思想轨迹，一起进入我们的观照视野。

寰球凉热不同。

10年前，当欧美大银行得意洋洋地在全球提缰纵马的时候，中国的银行业在他们眼中看来岌岌可危，甚至已经"技术性"破产。

10年后，当美国银行业两大翘楚——花旗银行和美国银行——90%的市值已经灰飞烟灭、面临破产保护的时刻，中国银行业却成为全球银行体系中最稳健的一部分，在金融危机的阴霾下放眼全球，"独树一帜"。

最新的全球银行市值排名显示，全球十大银行中，中国占据四席，中国三大行一跃而为全球三大行，占全球十大行总市值的半壁江山（51%）。

3月22日，中国银监会主席刘明康在中国发展论坛上表示，2008年中国银行业有望在利润总额、利润增长额、全行业资本回报率三方面名列世界前茅。2008年在各银行大规模加大拨备的情况下，资本回报率仍然高达17.1%，明显高于当年全球银行业平均水平。2008年，中国银行业净利润超过5834亿元，同比增幅达30.6%。

"审慎、有效、持续的监管是银行业金融机构的生命线。"银监会主席刘明康说，作为监管者时刻要保持头脑清醒，永远不能允许银行业金融机构存在过高的杠杆率。

3年来，正是这位中国银监业的领军人物，从预见金融危机的发生、到密切关注危机进展连续出手各种应对措施，带领中国银行业这艘巨轮成功地避开了金融风暴的漩涡。

|| 2006：未雨绸缪，收紧房贷

全球金融危机下中国银行业受到冲击程度最轻，绝非侥幸。早在3年前，当大多数人还沉浸在金融创新和大量流动性的兴奋中之时，刘明康就敏锐地预见到这场由金融衍生品引发的危机迟早将会到来。

"金融衍生产品在增强金融稳定的同时，又给金融业带来了新的风险和监管的薄弱环节。有些金融创新产品和分类市场，对次级市场流动性中断的抵抗力是十分脆弱的，对一级市场上的活动也造成不利影响。"这是2006年6月15日，刘明康在出席"交银汇丰论坛"时演讲的核心内容。

刘明康强调，金融创新产品的操作性风险远不止过去强调的欺诈与犯罪，对

创新产品的操作失误会导致金融风险被加倍放大。"要度量、监测和管理流动性风险，监管者必须保持与市场参与者的对话，每个金融机构必须具备流动性避险拨备的设计，各行业也要有应对这种风险防范的具体措施。"

银监会主席对金融衍生品风险的预警虽广泛见诸报端，但却没有引起更多投资者的重视，而此时的刘明康已在着手部署监管防范措施。

2006年6月，银监会便明确提示业界，要及早防范由不当金融创新，尤其是衍生产品所引起的流动性风险。同时，银监会采取了逆周期调节的监管对策，多次向银行业金融机构提示风险。

2006年8月初，各商业银行、信托公司等金融机构均收到了银监会以"特急文件"形式下发的《关于进一步加强房地产信贷管理的通知》（54号文），该文件从银行信贷和房地产信托等方面进一步收紧了房地产开发、土地贮备等贷款的发放。54号文对信托公司开展房地产股权信托做出更严格的规定，并要求各银行业金融机构全过程监控开发商项目资本金及其变化，严禁向项目资本金比例达不到35%、"四证"不全等不符合条件的房地产开发企业发放贷款，严禁以流动资金贷款名义发放开发贷款。

一位信贷银行部门人士告诉时代周报记者，从那时起，各银行对房地产开发贷款的发放就已经非常"紧"了。

求贷无门、地产信托之路基本堵死，紧缩政策让房地产开发商们切实感受到调控严冬的到来，也给银监会招来种种非议。刘明康顶着巨大压力严守监管力度。他说："只有我们管理好信贷的闸门，房地产行业才能够在相对稳定的状态下健康发展，从而保证宏观经济的稳定。"

|| 2007：阻断风险，跨市传递

"他绝对是具有国际水准的金融家。"几年前，银河证券首席经济学家左小蕾曾这样评价，"刘明康的知识背景和工作经验，决定了他的监管理念是和国际

接轨的。"今天，中国银行业在全球金融风暴中的一枝独秀，印证了左小蕾的判断，也证明了刘明康领导下的中国银监会监管得力。

2007年初，美国次贷危机初现端倪，刘明康将"有效隔离风险跨市场传递"列为银监会监管工作的重点之一。银监会要求各银行进一步防范银证业务往来的相关风险，并在年内多次对信贷资金被违规挪用进入股市问题进行调查和惩处。

随后，银监会发布规定，严禁银行为企业债券及各种衍生产品提供担保，切断了金融风险从债市、股市向信贷市场转嫁的渠道。同时，进一步加强对大型银行的监管，加强跨业、跨境业务风险监管。

"银监会的一系列举措无疑是想通过加强监管，防止资金流入资本市场和房地产市场。"回顾2007年的信贷管理，浦东发展银行一前任高管对时代周报记者坦承，"当时的感觉是一下子管'紧'了，无论银行还是企业，短期内日子都不好过"。

就在房产商要求拯救楼市的呼声此起彼伏之时，刘明康坚持紧缩房贷，严查二套房政策的实施。2007年9月和12月，银监会两次会同人民银行联合发文，加强对商业性房地产信贷监管，坚持采用审慎的最低首付比例和利率水平，同时开展房地产贷款专项调查，要求商业银行开展房地产贷款压力测试，对规范和引导二套房信贷起到了积极作用。

同时，银监会密切关注次贷危机动向，督促各银行机构充分估计美国次贷危机的影响，加大计提拨备力度，引导银行审慎开展资产证券化，严禁将房地产不良贷款证券化，防止房地产信贷风险通过证券化被放大，严格防范创新业务风险。

|| 2008：应战危机，攻守兼备

随着美国次贷危机升级为全球性金融危机，2008年2月，银监会迅速成立专门应急小组，采取了一系列应对措施。首要的是，建立外币金融资产风险盯市制

度，要求银行业金融机构密切跟踪市场形势，按日逐笔逐户对以高风险国际金融机构为交易对手的金融资产损失进行重估，加强对境外代理行的风险管理，要求各行及时计提减值准备，最大程度保障债权人权益。

"制定分类如此详细和严格的贷款管理条例，这些年来还是第一次。"沪上某商业银行信贷管理部负责人对时代周报记者说，"从2008年下半年开始，我们几乎每天都在与银监会沟通，要么是收到各类通知文件，要么是汇报情况，频繁和紧张程度达到了历史最高点"。

从第四季度起，银监会开始加强信息沟通和披露。要求各银行建立与银监会的日常沟通报告机制，指定高管及时向银监会报告外币金融资产风险情况。同时要求各行及时、持续、真实地向客户披露外币代客理财业务盈亏状况，以及此次全球金融动荡给本行经营及财务状况所造成的影响。

同时，银监会与欧美及周边有关国家和地区监管当局保持密切联系，加强监管协调，稳定市场信心。

当各家银行普遍开始收缩民营企业贷款，并将贷款重点倾向国有大型企业之时，银监会先后就困难企业贷款重组、小企业贷款、并购贷款、支农金融服务等出台一系列政策措施。

2008年中国银行业整体业绩为全球金融界瞩目，不仅因为利润总额、利润增长额和资本回报三个主要数据名列世界前茅，更因为中国银行业监管部门较为成功地处理了金融创新与风险防范的关系，通过有预见性的持续、有效的监管，将银行业的风险尽可能地化解在萌芽状态。

由于中国农业银行的资产重组完成，2008年商业银行不良贷款史无前例地下降了7002亿元，整个银行业的不良贷款率为2.45％，比年初下降了3.71%。

"毋庸置疑，中国银行业近年来付出的努力已经获得回报，他们比欧美同行的日子好过得多。"3月3日，波士顿大学金融学副教授钱军在沃顿商业在线的一次活动上说。

▐▐ 2009：左手保增长，右手控风险

尽管持续有效的监管已获得相当回报，但作为中国银监会的最高领导，刘明康的日子远不如外界想象的那样轻松。他更清醒地意识到，数据显示向好，并不代表中国银行业真的已经与金融危机、金融风险"绝缘"，如何在促进经济增长和控制风险之间取得平衡，是他面临的下一个严峻考验。

"高风险、高监管；低风险、低监管；没有风险就不要去麻烦了，这是我们的哲学。"对于监管的选择性，刘明康这样说。

2009年初，银监会根据新形势又对有关信贷监管政策和要求进行调整，提出了银行业支持和促进经济发展的"一揽子"措施。

3月，中国人民银行和中国银监会联合发布了《关于进一步加强信贷结构调整促进国民经济平稳较快发展的指导意见》。围绕"保增长、扩内需、调结构"的目标政策，各地银行业金融机构已经展开新一轮信贷工作部署。上海市发改委、央行上海总部和上海银监局日前联合召集沪上24家中资商业银行负责人专题座谈，上海银监局局长阎庆民明确指出，要改变目前银行业金融机构信贷"晚投"和"慢投"为"早投"和"快投"，以实现放早见效的目标。

"截至2月底的数据来看，中国银行业保持稳健增长，正是因为监管部门长期以来在银行风险方面采取了严格控制的各项措施。"银河证券首席经济学家左小蕾说。但左小蕾也指出，尽管从数据上看，银行业的发展势头还是好的，但去年四季度以来的贷款高增大都投向基础设施建设之类长期项目，风险在短期内难以体现，银行业对未来不可以过于乐观。

1月新增信贷1.67万亿元新纪录仅保持2个月，就在3月份被1.87亿元新增信贷打破，新的监管风险不可忽视。

为严格防控风险，刘明康否决了中国银行向法国洛希尔银行入股20%的计划，并将外资战略投资者的锁定期一律延长到5年以上。

"我们每天都在走钢丝，每天都面对风险，我们的社会责任无比重大。所以

我们做什么事一定要讲究一个平衡,这是非常重要的。"刘明康说,在保增长的同时一定要牢牢把住风险的底线,坚决防止今年不良贷款大幅度快速反弹。

‖ 刘明康式监管:松"油门"的艺术

银行监管的核心是什么?简单地说就是"逆势而为"。

什么是"逆势而为"?前美联储主席威廉·麦克切斯尼·马丁曾经比喻说,美联储的工作是"在聚会渐入佳境的时候,端走酒瓶"——也就是在经济发展过热时采取措施让它冷却下来。

从一群酒酣眼热的人手中拿走酒瓶是一件令人厌恶的事,事实上,在马丁18年任职期间多位总统都公开批评过他。拿走酒瓶同时也是一件危险的事,据说在林登·约翰逊总统任职期间,为了迫使马丁放弃经济紧缩措施,约翰逊总统给了马丁数拳,把马丁推到墙壁上,向他的脸喷吐着唾沫星子,并对着他的鼻子大吼:"马丁,我的士兵在越南流血,而你却不给我印钱!"

没有人会喜欢在酒会上端走酒瓶的人,但是一旦听到有人酒后驾车发生车祸的消息,人们在抹去头上的冷汗之余也许会悄悄地感激那个令人厌恶的端走酒瓶的家伙。

现在人们看待银监会主席刘明康或许就是这种心情。

中国的经济战车长期处于快车道上,而银行的资金就是让这辆战车不停奔跑的汽油,不过银监会主席刘明康却一直在猛松"油门"。

2006年,中国的住房抵押贷款获得了飞速的发展,不少人除了按揭贷款购房自住之外还纷纷按揭贷款购房作为投资手段。不过,银监会马上发出了通知,把第二套住房的按揭比例从20%提升到40%;贷款利率提升10%。面对节节高涨的房价,当时无论是银行还是试图按揭购房进行投资的人们都对银监会的政策抱怨连连。

同样的事情发生在股市,当股市连续攀升的时候银监会却在加强对银行的监管，严厉防止个人通过信用卡透支、企业通过贷款去炒股。人们看着银行有着海量存款却贷不出来，只能望洋兴叹。这些人在股票指数日日飘红的日子里一定没有少抱怨过刘明康。

现在，当人们看着电视上美国人房屋前密布地写着"出售"的标志牌时，心中多半在暗暗庆幸；当A股综合指数下跌到2000点以下时，商业银行多半在看着自己并未明显上升的不良贷款率而高兴。

同样的感悟也应当发生在整个中国金融界。这位高喊"监管机构必须站在市场的身边，随时做好准备"的银监会主席在中国金融自由化方面是一位"保守主义者"。他承认放松管制，加强金融自由化是我们的长远目标，当时又多次公开表示在条件未完全成熟的时候，不会轻易放松对金融自由化的管制。

几年前，美国次贷市场"蓬勃发展"，看着这份大餐，无数国内金融机构暗暗地在吞口水。可是，刘明康一边强化监管，一边安慰金融机构们"快餐吃起来很方便，但是小火慢慢炖的东西才更好吃"。不知道当年那些饥饿的金融机构们是以怎样的心情被迫放弃到嘴的"快餐"而去等待那份"文火煲汤"。

不过，现在它们可能在为当年没有大口吃进"快餐"而庆幸。

2008年，美国的金融"跑车"终于一头撞上了一堵名为"次贷"的巨大峭壁，并引发一场百年难遇的全球金融危机。当驾驶员四处求救的时候，身后传来中国银监会主席刘明康的声音——"如果不了解路，最好开慢点"。

这就是刘明康式监管哲学，一种方向比速度重要的思想，一种松"油门"的监管艺术。

（原文刊发于《时代周报》2009年4月13日第21期）

尚福林：

证监9年功与过

文／陆　玲

三会齐换帅，在中国当代金融史尚属首次。而在这个时间点则显得意味深长，特别是尚福林卸任证监会主席一职。

这不是一个好坐的位置。市场甚至有戏言，如果你与谁有仇，请把他送到证监会主席任上，那会让天使变成魔鬼；如果你与谁有恩，请把他送到证监会主席任上，那是同一级别官员中掌握资源与资金配置权最多的岗位。

9年前的2002年12月27日，低调的尚福林从农行来到证监会，从第四任主席周小川手中接下了这个位置。当时也被认为坐到了路人皆知的"火山口"上。尚福林就在这个毁誉参半的位置一坐就坐了九年。在他之前，还没有一位证监会主席任期超过三年。

9年前，尚福林上任伊始，上证指数为1357.76点、沪市有741只股票、当日成交61.06亿元，而离开时上证指数为2468.25点，沪市有934只股票，总市值167684.88亿元，流通市值135047.23亿元，日成交额为817.83亿元。九年时间，沪深股市总市值扩大了近5倍。

对于广大投资者来说，如果单纯看股指，9年时间，股值从原点经历高峰，最终，又落到了接近原点。但这个市场的定位和深度，投资者面对的问题，发生了翻天覆地的历史性变化。

9年时间，尚福林主导了股权分置改革，推出了中小板、创业板、股指期货、融资融券，构建了多层次资本市场的战略框架。尤其是敢于向制度痼疾开刀的股权分置改革，一句"开弓没有回头箭"，在资本市场上书写了浓墨重彩的一笔。

9年风风雨雨，尚福林成绩有目共睹，但也留下了挥之不去的缺憾。深圳一位业内人士不无玩笑地戏称："其历史使命已经全面完成，但对中国资本市场长期稳定健康发展所能起到的作用却只能用一句话来形容，那就是革命尚未成功，同志仍需努力。"

‖ 沉稳的实干家

既没有"海归"的背景，也没有国内名牌大学的学历。尚福林是在中国跌宕的金融变迁中成长起来的高官，是颇具"中国特色和政治智慧的监管者"。

1951年出生于山东济南的尚福林，当过兵，1982年北京财贸学院毕业后进入央行总行。此后长达18年的时间，尚福林从副处长到处长，副司长、司长再到行长助理和副行长，一个台阶也没落下，一个台阶也没有跨越。2002年初出任农行行长。

20多年的银行从业经历铸就了尚福林稳健、低调的风格。这也是接触过尚福林的人用来描述他最多的字眼。媒体印象中，尚福林神情严肃，极少在公开场合接受采访，面对记者总是面带微笑，一言不发。据一位记者回忆，2003年两会时，很多官员都遭到记者们的"围堵"，但尚却很少，因为很多记者根本不认识他。

"谨慎但并不保守，平和但并不平淡，定力十足，又不乏魄力。"一位长期接触尚福林的官员这样评价。1993年时任央行计划资金司司长的尚福林跟随当时的副总理朱镕基处理"三角债"，其铁腕和效率就被朱镕基赏识，夸赞他是"飞来的尚福林"。

2002年，股市低迷，几乎所有指责的矛头都对准了证监会之际，尚福林临危受命。但到证监会后的尚福林却没有当即发力，低调亮相后做的第一件事就是去交易所搞调研。之后近乎一年的静默是深入翔实的调查。在市场疲态和焦虑中，能够静默一年，其勇气和"定力"深为好评。

在一位市场人士看来，这也是懂国情的表现。"尚福林上任之初并不急于大刀阔斧地改革，而是在寻找合适的机会，争取高层支持。这说明，他深知证券市场的问题不是证监会一家能解决的，必须要把握改革的步伐和时机。"

"做事既不急躁冒进，也不固步自封，乐于听取各方建议，思路开阔但有自己的主见。在遭遇阻力与冲突时，善于求大同存小异。"证监会改革发展研究小组成员之一、股份制改革专家刘纪鹏回忆，尚福林每次与专家谈话，总是寻找和对方的共同点。

尚福林的平和有个著名的段子。2008年行情不好时，北京奥运会开幕，有好事者编纂，称奥运圣火将由尚福林从6124米高台跳下点燃。恰好有人在开幕式现场见到尚福林，打招呼说："你来了？"尚福林回答："来了来了，点火来了。"一时舆论感叹他的平和与自嘲。

主政证监会9年，尚福林深知自己的只言片语就会对股市产生不可估量的影响，低调是其很大的属性。少有煽情的演讲，更多的是"照本宣科"，更无"造市""托市"的表态。但是尚福林的"过于稳重"也弄出笑话。据传言，尚福林在某工作会议上重拾去年工作目标，洋洋洒洒讲了一大篇，某位记者误点入了他去年的工作报告，照此写出的"实时"报道居然没出错。

唯一的高调莫过于在股改试点的紧要关头，出席了国务院新闻办为其专门举办的一场股改新闻发布会。会上尚福林斩钉截铁地说了一句如今仍然为人们所津津乐道的话："股权分置改革开弓没有回头箭，必须搞好。"其体现出的坚定和魄力为人所知。

|| 未竟的证监遗产

"实现全流通、结束单边市、构建多层次资本市场体系、推动大型国企完成上市。"英大证券研究所所长李大霄如是总结尚福林9年来的四大贡献。

股权分置改革被认为尚福林最大的历史功绩。股改的成功消除了大股东与小股东在收入分配问题上的冲突，改变了中国股市与生俱来的制度缺陷，进入了全流通时代，直接促成了后来2006、2007年的大牛市。

数据统计显示，截至2011年9月底，1306家公司完成股改，占1319家应股改公司的99%，流通股占总市值的比重由2002年的32.6%提升到2011年9月的76%。

2003年底至2004年初，证券行业案件频发，部分证券公司面临严重的系统性危机。"摸清问题"后的尚福林痛下决心彻查券商委托理财，杜绝挪用保证金。到2007年8月，基本完成了综合治理预定目标，初步建立了证券公司市场退出和投资者保护的长效机制。

尚福林主政9年，不断完善资本市场法制建设。9年来，新出台和修订的有关规章制度达现行市场制度规则的87%。在尚福林的全力推动下，国务院发布的"国九条"，首次将大力发展资本市场提升到国家战略高度，改变了中国证券市场往日被高度边缘化的历史发展定位。

尚福林主持推出的中小板、创业板丰满了中国资本市场的羽翼。截至2011年9月底，中小板上市公司总数达到618家，累计IPO融资额达4247.01亿元，先后共有96家园区企业进入新三板代办股份转让系统挂牌，共有267家创业板公司上市，累计融资1895.72亿元，其中高新技术企业247家，占比92.51%。

此后，股指期货和融资融券的稳步推出，使得中国股市只能单边做多的运行机制得以根本改变，为市场化资产价格形成机制及引导资源优化配置奠定了制度基础。功劳有目共睹，但留下不少的遗憾。"比如股权分置改革虽然完成，但更多是保护大股东的利益，对公众投资利益保护很不够，这也直接导致了如今限售股解禁上市对股市的冲击；大力发展机构投资者并没有取得实质性成效；证券

IPO发行定价广为诟病等等。"知名财经评论人皮海洲告诉时代周报记者。

复旦大学金融与资本市场研究中心主任谢百三看来，"证券市场的上市公司国企化至今未改，80%市值是国企的，是股市长期低迷重要原因之一；尚时期新股发得太快，中国股市的投资饥渴症依然非常强烈，市场化发行，结果30%多破发，股民怨声载道"。

股市"空军司令"侯宁则认为，尚福林主政9年，由于在企业上市发行制度、股市退市制度等方面未取得实质性的突破，导致中国股市依然存在着诸如重融资、轻退市，重体系、轻监管等问题。

此外，在更多中小投资者看来，虽然尚福林主政期间对内幕交易、市场操纵等证券违法犯罪活动予以了打击，但碍于很多时候"证监会既当球员又当裁判的角色"，还是力度不够。证券监管在"公平、公正、公开"三公方面并没有取得突破性进展。

"不可否认，尚福林主政9年，虽然资本市场基础性制度建设还有很多有待完善的地方，比如新股发行体制、创业板三高超募的问题等等。但很多事情不是主席一个人的事情，评价一个人要客观、全面、立体。"对外经济贸易大学金融学院兼职教授赵庆明告诉时代周报记者。

而此前媒体引用某知情人士的说法，中央高层对尚福林担任证监会主席期间工作表现和成绩的评价非常高。

‖ 回归银行系统

与9年前被调到证监会不同，此次尚福林接替退休的刘明康，成为银监会历史上第二任主席，对在火山口待了9年的尚福林来说，是种回归。

这也是他曾经奋斗的地方。此前尚福林曾在银行系统工作25年，现任银监会副主席王兆星、蔡鄂生、郭利根等，都曾与尚福林共事多年。目前，中国银监会有4位副主席，1位纪委书记和1位主席助理。

而且与当初初到证监会的"百废待兴"，起码迎接尚福林的是，上市银行靓丽的三季报。"此前担任证监会主席的尚福林低调务实，适合更需要风险防范的银行业。"中央财经大学中国银行业研究中心主任郭田勇表示。

但也不是"轻车熟路"。"如今的银行业与尚福林此前在农行、甚至更早前在央行时的情况已经截然不同。彼时停留在他印象中的银行还处于技术性破产的阶段。但这些年随着国有银行通过注资剥离不良，引入战投股改上市，不只是资产规模，公司治理等等发生了很大的改变。"赵庆明表示，"虽然不是那么陌生，但新的时期新的课题，起码角度也已大不相同"。

在赵庆明看来，摆在尚福林面前的首要课题则是地方融资平台和房地产目前累积的风险问题。这个量很大，是无法回避的问题。如何控制平台贷总量，实现平稳过渡，是个重要挑战。

与有多年海外工作经验、国际视野的刘明康相比，尚福林是在中国跌宕的金融变迁中成长起来的高官。"尚福林更懂国情，比起前任，相对而言更加客观。"一位银行业人士告诉时代周报记者，"将来或更关注本土监管。以其在股权分置改革上所积累的经验和手腕看，不会急速大幅推荐相关举措来处理银行业面临的问题。但并不代表不会顺应潮流。"

"对于银行股的问题，特别是银行再融资的问题。估计尚主席通过其在证监会监管者位置上所经受的考验，反过来会重新审视，也会有所作为。"上述银行业人士告诉时代周报记者。

郭田勇则希望尚福林履新银监会主席后做两件事：第一，进一步把银行监管防线筑牢做实；第二，要开放市场，引入竞争，包括引入民间资本办银行，推动利率市场化改革，让银行业真正在激烈的市场中竞争，这时银行出现亏损的风险增大了，这道监管防线才会真正派上用场。

更多的市场人士则期待尚福林在对待银行风险管理上防守有道，同时在金融对实业的提振发展上真正革新有为。

（原文刊发于《时代周报》2011年11月3日第153期）

刘士余监管答卷：一年罚没42亿

文/刘 丁

刘士余

证监会主席这个职位，一直被市场称为"坐在火山口上"。

"金融街证监会门口，几乎每天都能看到裹着被子、睡在地上的股民。"中国证监会一位年轻干部对时代周报记者说道。

证监会主席需要面对的是1亿名各层次股票交易者的审视，需要维护的是中国最庞大投资群体的情绪稳定，以及预防可能由此衍生出的金融危机。

2016年3月，操着浓重口音、55岁的新一任证监会主席，用一字一顿的语速，那认真劲儿，好像要把每个字都咬住，但却把话说进了上亿股民的心里去：

"（股灾时）我也焦虑……老百姓挣钱不容易。"

他就是刘士余，在火山口上已坐了一年。

2017年2月26日，全国两会召开前夕，在国务院新闻办新闻发布厅举行新闻发布会上，刘士余再次表示，要加强资本市场监管，保护投资者合法权益。

根据证监会网站消息，2016年证监会作出行政处罚，收取到国库的罚没款总计42.83亿元，同比增288%。

‖ 火线干将

在2016年的全国两会新闻发布会电视镜头上，新任证监会主席的表现仿佛把"如履薄冰"四个字打成了弹幕，"这个问题很重，因为你说去年（股灾）投资者损失惨重……我感觉担子很重"。刘士余连续用了多个"重"字来加强语气。

1961年出生的刘士余，清华大学本科毕业后，继续在清华大学经济管理学院读硕士，成为首任院长朱镕基的学生。毕业后，26岁的刘士余追随调任上海市长的朱镕基的步伐，先后在上海经济体制改革办公室、国家经济体制改革委员会等机构参与宏观工作，并与楼继伟等政要同事，青年时期积累了宝贵的政治、业务经验。

1996年，35岁的刘士余进入央行，职业生涯精彩的20年由此展开。

"刘士余是火线干将。"北京一研究机构教授对时代周报记者如此评论。

2003年11月，国务院成立国有商业银行股改领导小组，央行行长周小川担任小组办公室主任，40余岁的刘士余担任办公室副主任。

也恰是以那里为起点，国有商业银行陆续完成股改，并最终全部上市。2005年，农行启动改革方案后，刘士余也是直接分管的央行领导。农行上市之后，刘士余也调任党委书记、董事长。

"刘主席是干业务出身，很专业，真正懂资本市场，"上述北京研究机构教授对时代周报记者如此评论，"债券市场就是刘主席搞起来的"。

2005年前后，44岁的刘士余主抓债券市场，他提出"创新、发展、规范、协调"八字方针。在那之前，从20世纪80年代的国库券成就了"杨百万"，到20世纪90年代国债期货"3·27"事件后停止场外债券市场，再到2000年前后，央行收权转而发展银行间债券市场，中国债券市场从混沌探索，逐步走向正规专业。

刘士余任内，短融、中票等一系列创新产品陆续推出，银行间债券市场蓬勃发展。2000年，中国债券市场存量规模金为2.65万亿元，而到了2015年，这个数字变为了39.8万亿元，全球排名第三，仅次于美国、日本。

而中国债券市场结构中，企业债、上市公司债、中票、短融、可转债合计占比约25%，相比起来，上世纪90年代，这个比例还不足5%。

但是，在2014年的某次论坛上，刘士余却极其低调地表态："是多个政府部门达成了共识，所以才促进了债券市场的发展"。

‖　重手治乱

"近些年炒股票，开口就问大股东有啥诉求，深入研究反而不如勾兑研究员。"深圳一中型私募基金经理对时代周报记者说道。

不知何时开始，市场上流行起举牌概念股，借壳概念股等；私募基金冠军经理们公开阐述一二级市场联动策略；证券公司及资本掮客们以市值管理之名挖空心思帮大股东减持；频繁虚假申报、撤单，对倒交易营造量价异动，钓鱼吸引散户。

上任之初，最紧迫莫过于安抚股民情绪，维稳市场。回头看来，刘士余这一点做得很成功。2016年以来，上证指数从最低2638点上涨到目前的3200点左右，底部不断抬升，自2016年中以来，几乎再没有跌破过120日均线。股灾、熔断的惨烈和恐慌似乎已越来越远。

然而，刘士余并未仅仅止步于表面，而是选择更加彻底，重手治乱。

"虽然证监会此前也不断打击违法乱纪，但刘主席这次不一样。"前述北京研究机构教授对时代周报记者如此评论。

2012年，时任证监会主席郭树清打击内幕交易，联合公安部、监察部、国资委、预防腐败局等五个部委协同作战，并组织了"内幕交易警示教育展"等活动，查出案件数量上升，这些动作和成果都得到了媒体的广泛报道。

"市场迅速变化，永远走在监管前面，当前市场的乱象情况更加复杂，单纯打击内幕交易已不合时宜了，"上述北京长期跟踪金融问题的学者对时代周报记者分析道，"因此刘主席没有用官方定性的词，而是用大鳄、妖精、兴风作浪等概括"。

对于打击股市黑嘴，刘士余的表态是"全世界也没见券商经济学家这么胡说八道"。2016年11月证监会江苏局对东吴证券研究所丁文韬等采取监管措施、责令改正；打击股价操纵，2016年证监会处罚了首例利用沪港通机制的案件，对唐汉博等虚假申报、利用资金优势对倒造成量价异动，处以巨额罚款；对于2015年牛市中市场第一高价股安硕信息，证监会认定其是违规信息披露、误导性陈述；打击内幕交易，平潭发展多名高管、公募基金冠军经历都被曝光并处罚；最引人瞩目的还是资金举牌上市公司，刘士余尖锐地说"不当荒淫无度的土豪，挑战刑法等待的将是牢狱大门"。

当被问及谁是大鳄时？刘士余回答，"就算讲险资也是极少数，也是小妖精"。随后不久，在2月10日召开的2017年全国证券期货监管工作会上，刘士余掷地有声地表示："要有计划地把一批资本大鳄逮回来"。

2017年2月26日，刘士余出席国务院新闻办公室协调推进资本市场改革稳定发展等情况新闻发布会，其铁腕治市的决心满满，他说："证监会第一任务是监管，第二任务是监管，第三还是监管"。

‖　正本清源

"监管理念变得更加清晰规范了。"谈起刘士余到任后证监会的变化，证监会一位干部私下对时代周报记者评价说道。

自2015年股灾到2016年，证监会从高层到中层官员，超过20人被换，原副主席姚刚、原发行部三处处长刘书帆，主席助理张育军等都因涉嫌违纪被免职。

刘士余上任后，证监会也随即任命了一批新的局级干部，以及大商所、郑商所、云南证监局等部门高级官员。

其中，最微妙的是证监会稽查体系的任命。2016年11月，证监会任命新的稽查总队队长，正是现任稽查局局长罗子发，这意味着稽查总队和稽查局的配合将更加紧密。罗子发曾任公安部经济犯罪侦查局副局长，兼任证券犯罪侦查局副局长，2014年8月加入证监会，担任首席稽查官。据媒体评价，罗子发有着典型公安办大案的风格，被称之为"捕鼠专家"。

2017年1月3日，元旦后第一天上班，刘士余专程到稽查局做调研，看望慰问，并与正处以上干部座谈，指出稽查工作要"敢于作为、敢于碰硬"。

"现在凡是定增或重大资产重组，我们就必然要审查。"上述证监会某干部对时代周报记者透露。

2000年，周小川时任证监会主席，市场评价他是"崇尚监管的市场派"，当时以"基金黑幕"论战为契机，邀请中国香港证监会史美伦主抓监管工作，一批违规案件被曝光处罚；此外，《合格境外机构投资者境内证券投资管理暂行办法》也首次发布。

"刘主席似乎与周小川有相似的风格和思路，"前述北京研究机构教授对时代周报记者称，"重视资本市场的融资功能，正本清源"。

在改革和政策方面，刘士余"放开IPO，限制再融资对市场影响最大"，深圳前海大概率资产管理有限公司基金经理杨济源对时代周报记者分析道。

"明确发行首日为定价基准日，尤其是这条最重要，定价基准日为非公开发行股票发行期的首日，这样非公开发行股票的定价就变成了随行就市，这对二级市场的投资者是非常有力的保护。"杨济源说道。

杨济源对时代周报记者分析说，按照目前平均每天两家IPO的速度，已经与注册制无异。这样就更加公平，取消了场内企业特权。

"未来，如果能严格退市制度就更完美了，"杨济源说，"未来市场将进入以价值为导向的阶段。"

改革不停步。刘士余在2月26日的新闻发布会上表示："我们在改革方面迈出了新步伐。坚持改革的方向不动摇，坚持问题导向，改革完善了资本市场一系列基础性制度。"

（原文刊发于《时代周报》2017年3月7日第430期）

易纲接力周小川，央行强化监管职能

文/曾令俊

易　纲

年届70岁的周小川卸任中国人民银行行长，这已在外界预期之中。

但谁将接棒周小川，成为中国人民银行的新行长？这一问题的答案终于揭晓。3月19日，十三届全国人大一次会议第七次全体会议投票表决，决定易纲为新一任中国人民银行行长。

从履历上看，易纲与周小川有诸多相似之处，均是学者型官员，两人在央行的时间较长，在很多改革和政策上均有一致的看法。易纲接任央行行长可谓与周小川无缝对接。

现年60岁的易纲拥有20多年的央行工作经验，几乎全程参与了20余年来的中国金融改革。从履历上看，易纲是央行系统内的第一位完全意义上的"海归"，具有国际化视野，又有实际的操作经验，理论与实际并存，专业、稳健、务实是外界对他的一致评价。

与周小川一样，易纲能说流利的英文，而这一点在国际交往中非常重要，同时他也是坚定的改革派。在央行的工作经历中，他曾掌舵外汇管理局，是人民币汇改的深度参与者，且在这个过程中取得了一些重要的成绩。

曾与易纲共事过的央行政策研究室原副主任景学成评价称，易纲与其他"海归"不同，不照搬外国理论与模式，能很好与国情结合，"办事稳妥，不冒进"。

易纲面对的是一个"新"央行。根据国务院机构改革方案，银监会、保监会合并，其拟定银行业、保险业重要法律法规草案和审慎监管基本制度的职责，划入央行。

央行的权力与职责较此前有较大提升。"央行除了货币政策职能外，还更多担负起了宏观审慎管理的工作，央行作为控制总需求的一个操作者是最合适的，央行负担了金融稳定的责任。"中银国际研究公司董事长曹远征告诉时代周报记者。

作为一位学者型官员，易纲1978—1980年在北京大学经济系学习，随即远赴美国攻读，获经济学博士学位后在美国一所大学任教。时代周报记者注意到，同为北大经济系毕业的北京大学汇丰商学院院长海闻，3月19日在朋友圈祝贺昔日同窗履任新职，"热烈祝贺当年的下铺兄弟、回国创业搭档易纲荣任央行行长！"

|| 改革者周小川

3月9日上午10点，梅地亚中心多功能厅，周小川第14次参加全国"两会"记者会，这次记者会的主题是"金融改革与发展"。这也是他最后一次以央行行长的身份参加记者会。

现场有记者问，在漫长的职业生涯中，有哪些难忘和遗憾的事情？问完后全场爆发了笑声。但周小川没有直面回答，他说，事情太多很难挑出来哪件重要哪件不重要，今天新闻发布会题目就很好，金融改革与发展，有幸与大家一起在这方面与大家做工作，做推进，这是很荣幸的一件事。

周小川一如既往的谨慎，这也是职业所需。在中国央行行长这个职位，他的一言一行、一举一动，都影响着国内外市场的动向。这次发布会，西装革履的周小川非常放松，时常一边微笑一边回答记者的提问。这也凸显了他的自信。

自信是有理由的。周小川自2002年12月开始领导央行，能够长时间担任央行行长也是创下了纪录。16年时间里，鲜花与荆棘并存。其间中国的金融体系中发生了商业银行改革上市、汇率改革等重大内容；央行资产超过美联储成为"全球第一大行"。

没有人否认周小川富有远见和成效的改革。美国前财长、高盛前CEO保尔森在《与中国打交道》一书中将他称为中国"金融改革背后的军师"。2011年，周小川被《欧洲货币》授予最佳央行行长。欧洲央行前行长特里谢评价道："我非常赞同周小川的智慧，他看问题非常全面，有一种大处着眼、小处着手的战略。"

"改革"一词贯穿周小川的央行生涯。"周小川身上的标签很明显，他就是一个改革派，一个市场派。"国务院发展研究中心金融研究所所长夏斌评价道。

2002年底，周小川刚刚出任央行行长之时，日本就率先掀起要求人民币升值的风潮，美国随后加入，国际压力一触即发。一时间，国际上形成了逼迫人民币升值的强大舆论氛围。

稳健的周小川经常面带笑容，向世界明确传达中国保持人民币汇率稳定声音的同时，也让世人对中国的货币政策充满了信心。

2005年7月21日晚，中国人民银行宣布，人民币汇率不再盯住单一美元，实行以市场供求为基础的浮动汇率制度。这一决定对于中国持续经济转型来说具有里程碑意义，此后汇率改革在稳步推进。

"我不喜欢这个称呼。"周小川曾明确表态，"如果因为我说话对人民币有影响，才叫我'人民币先生'，我觉得这个称呼不合适。但如果是因为人民币汇率改革，那倒是未尝不可。"

在这次记者会上，周小川表示，人民币国际化应该说主要的政策该出台的都已经出台了，也就是说已经允许在贸易和投资中使用人民币，同时，人民币现在也已经加入了国际货币基金的SDR的篮子，主要的步骤该做的都已经做了。

从2003年开始，持续近十年的国有商业银行股份制改革，被视为周小川推动中国金融改革的巅峰之作。2003年，大型商业银行报告的不良资产率是25%，市场的估计基本在35%～40%。当年年底，450亿美元外汇储备注入中行和建行，从而启动了国有银行的股份制改革，后来便进行了财务重组、处置不良资产、上市等步骤，具体操作中，实行"一行一策"。

在2007年两会上，周小川指出，大型商业银行的改革已经取得显著成效和突破性进展，几家大型商业银行完成了财务重组、股份制改造和发行上市。周小川带领的央行充当了"在线修复"中国金融体系、维护金融稳定的角色。

"周小川行长这个守门员做得非常不错，央行制定货币政策，机构没有改革之前，各个部门负责执行，但这些年的情况看，很多货币流入了房地产等行业，没有达到进入实体经济的目标。最后这个事情只能央行'兜底'，周小川承担了守门员这个角色。"3月15日，复旦大学经济学院副院长孙立坚告诉时代周报记者。

3月17—18日，国际清算银行（BIS）在阿根廷布宜诺斯艾利斯召开行长例会。周小川出席了董事会、经济顾问委员会、全体行长会和全球经济形势会。与会央行行长们就全球经济金融形势以及宏观政策应对等问题进行了交流和研讨。这或许是周小川最后一次以央行行长的身份出席公开活动。

‖ "学而优则仕"的易纲

3月19日上午，在十三届全国人大一次会议第七次全体会议上，国务院总理李克强提名易纲为中国人民银行行长。

事实上，易纲任央行行长外界并不感到意外。他位列央行四位副行长之首。在2016年两会期间的央行记者会上，从周小川口中就可窥知一二。彼时开场时，周小川对易纲的介绍是"负责人民银行各项工作，主管货币政策、国际业务"，而对其他副行长的工作介绍则是"分管"某项工作。

而且，易纲还是中央财经领导小组办公室副主任。中央财经领导小组是中共中央政治局领导经济工作的议事协调机构，是中国经济的核心领导和决策部门；而中财办是中央财政工作领导小组下的常设机构，除了负责起草重要的经济政策文件外，还肩负为中央财政工作领导小组提供政策建议的功能。

易纲与央行的"缘分"，要从1997年正式开始。那一年，易纲告别他在母校北京大学的书斋生涯，正式进入央行工作，出任央行货币政策委员会副秘书长。在担任了五年的中国人民银行货币政策委员会副秘书长后，易纲在2002年开始兼任货币政策司副司长，并在一年后"转正"。

2004年7月，易纲晋升为央行党委委员、行长助理。此外，2006年9月，易纲额外增加了一项为期一年的分支机构历练经历，兼任央行营业管理部党委书记、主任、国家外汇管理局北京外汇管理部主任。

2007年12月，易纲从三位行长助理和一众正司局级干部中脱颖而出，升任央行副行长，并在2009年7月接班胡晓炼，开始了自己长达6年的外汇管理局局长生涯。

2009年易纲担任外管局局长时，中国庞大的外汇储备遇到了美元资产配比过重（尤其是美国债券）、回报率不足、人民币升值等问题。很显然，当时摆在易纲面前的难题不小。

但易纲还是很好地完成了任务。2009年，彼时外汇储备将近2万亿美元，而在他的任内，外汇储备一度接近4万亿美元。

易纲选择上述难题的解决方案就是多元化的投资，不再单调地投资美国国债，而是放眼全球金融资产。为此，他也在国际金融市场上聘请了一批专业人士，引入市场化投资的理念。

在上任外汇管理局局长之初，易纲就强调外汇管理要顺应时代潮流，提出的"五个转变"，即：从重审批转变为重监测分析，从重事前监管转变为强调事后管理，从重行为管理转变为更加强调主体管理，从"有罪假设"转变到"无罪假设"，从"正面清单"转变到"负面清单"。上述改革思路一直延续至今。

2010年6月人民币汇率改革重新启动。中国结束了自2008年下半年以来人民币汇率盯住美元的做法，一定程度上增强了人民币的弹性，即实现"双向波动"，人民币的价格逐步由市场需求来决定。

2015年8月11日，汇率迎来第二次重大改革，确立了以"收盘汇率+一篮子货币汇率变化"人民币汇率中间价的市场化形成机制，并且人民币一次性贬值3%左右。

易纲在2015年8月13日的吹风会上表示，一个僵化的、固定的汇率是不适合中国国情的，也是不可持续的。汇改对人民币国际化的影响主要是正面的。易纲在做政策解读时阐述了他心中改革的方向，"要相信市场，要尊重市场，甚至要敬畏市场，要顺应市场"。

2014年，作为央行副行长、国家外汇管理局局长的易纲有了新头衔——中央财经领导小组办公室副主任。2015年12月，易纲将外汇管理局局长的接力棒交给了潘功胜，成为央行的专职副行长。易纲的地位不断提高，2016年3月成为中国人民银行党委副书记；2017年10月，易纲出现在中国共产党第十九届中央委员会候补委员名单上。

今年1月，易纲撰文谈2018年货币政策调控面临的挑战与政策思路。他表示，保持货币政策的稳健中性，管住货币供给总闸门，保持货币信贷和社会融资规模合理增长。

今年3月9日，易纲随周小川一起出席全国两会的记者会。易纲表示："松紧适度主要是看对实体经济而言，我们的实体经济能不能够得到各个方面的有效支持，能不能够创造一个防风险，并且能够平稳推进金融改革的外部环境，这样就为我们从高速增长阶段转向高质量发展阶段提供一个中性适度的货币政策环境。"

‖ 央行的新职能

在央行工作20载，易纲面临过诸多的困难和挑战。而这一次，他将执掌的是"将在新的金融监管框架中发挥更重要的作用"的央行。

3月13日，国务院机构改革方案提请十三届全国人大一次会议审议，根据该方案，不再保留银监会、保监会，改为组建中国银行保险监督管理委员会。在此次机构调整中，将银监会、保监会拟定银行业、保险业重要法律法规草案和审慎监管基本制度的职责，划入央行。

通俗点说，拟组建的中国银行保险监督管理委员会只负责执行，比如微观审慎的管理、市场监管、投资者保护等；凡是涉及宏观决策、宏观审慎和重要经济参数的调整，都由宏观管理部门——央行来管理。

"央行制定货币政策和负责一些法律法规的制定，中国银行保险监督管理委员会负责执行。"孙立坚说，之前央行负责制定货币政策，但在传导的过程中出现了一个问题，一些部门也有自己的政策规定，导致传导机制不通畅，最终还是要央行来兜底。

"机构改革之后，央行负责制定一些政策，而中国银行保险监督管理委员会负责具体的执行，看执行的效果可以判断，到底是政策的问题还是执行的问题。"孙立坚告诉时代周报记者。

央行的权力与职责较此前有较大提升。恒大经济研究院院长任泽平表示，随着银监保监合并，监管理念从行业监管转向功能监管，借鉴英国"双峰"和美国监管模式，形成"一委一行两会"新监管体系，"超级央行"呼之欲出。监管理念更加现代化，未来将重点加强宏观审慎和监管协调。

央行金融监管地位上升的模式，与英国经验有相似之处。金融危机过后，英国将审慎监管和行为监管区分开来，英国央行开始通过下属的审慎监管局，在金融监管中负责宏观审慎监管。

"此次机构改革将银监会和保监会合并，同时剥离银行业、保险业重要法律法规、审慎监管制度的拟定权到央行，这意味着央行为核心的统筹监管再度迈出重要一步。"原九州证券首席经济学家邓海清点评称。

孙立坚说，这种改革意味着未来银行、保险行业的相关法律法规将由中国人民银行来考虑，而行业是不是遵守了这些规则，则交由中国银行保险监督管理委员会来监管。这样的安排使得中国人民银行与世界其他主流央行运行模式类似。

"新的改革方案提出将银监会和保监会现有的审慎监管基本制度的职责划入央行，使得央行集货币政策职能和宏观审慎职能为一身，其'双支柱'调控框架也会通过本轮改革逐渐清晰。"中国社科院金融研究所法与金融室副主任尹振涛对记者表示。

（原文刊发于《时代周报》2018年3月20日第484期）

两重任一肩挑，郭树清迎来新使命

文 /曾令俊

郭树清

刚刚履新中国银行保险监督管理委员会（以下简称"银保监"）首任主席的郭树清，迎来了新的使命。他又多了一个新身份：央行党委书记、副行长。也就是说，郭树清身兼央行、银保监两大重量级金融机构要职。

3月26日，央行内部召开会议，正式宣布易纲担任央行行长、党委副书记；郭树清担任央行党委书记、副行长。

从内部分工看，易纲负责央行的全面工作，郭树清负责党委职责范围内的工作。根据《中国人民银行法》，中国人民银行实行行长负责制。行长领导中国人民银行的工作，副行长协助行长工作。

这样的安排实属罕见。在过往经验中，央行党委书记和行长均为一肩挑，比如周小川就曾担任行长和党委书记达15年之久。郭树清和易纲彼此之间并不陌生，2004年时两者曾有过共事，当时郭树清任副行长，易纲为行长助理。

"这么做可能主要是为了协调央行和银保监的关系，央行的职能发生了一些变化，银保监的职能同样有了改变，在人事上作出这样的调整起到一个中间人的作用，便于两个部门之间更好沟通。"3月26日，一股份制银行中层人士告诉时代周报记者。

不少分析指出，这一人事安排是为了适应当前监管体制的需要。中国金融监管格局已经从原来的"一行三会"升级为"一委一行两会"（国务院金融稳定发展委员会、中国人民银行、银保监、证监会），而且各方的职能已经发生了相应的变化。

中央财经大学银行业研究中心主任郭田勇对时代周报记者分析称，金融机构改革后，央行权力更大，需要协调的东西更多，郭树清担任央行党委书记，是为了加强央行和银保监的协调。另外，央行的地位高于银保监和证监会，易纲只是中央候补委员，而其他两个部门的主席都是中央委员，如此安排也是为了和央行的地位相匹配。

|| 央行书记、银保监主席一肩挑

随着易纲和郭树清的正式履新，央行新一届的领导班子已经基本成形：60岁的央行行长、党委副书记易纲，62岁的央行党委书记、副行长郭树清，三位央行副行长为52岁的陈雨露、55岁的潘功胜和54岁的范一飞，中央纪委驻中国人民银行纪检组组长是51岁的徐加爱，行长助理为2016年12月履新的刘国强。

就在几天前，郭树清刚刚履新银保监首任主席、党委书记。在银保监的干部大会上，中组部有关负责人宣布了中央关于银保监党委班子成员任职的决定，除了党委书记郭树清，党委委员有王兆星、陈文辉、黄洪、曹宇、周亮、梁涛、祝树民、李欣然。

郭树清具有法学博士学位，曾在中国人民银行、证监会等部门担任重要职位，又在山东省等地方有过历练，像他一样有丰富的监管经验，并且在地方主政的官员并不多。

事实上，自去年回归银监会开始，郭树清就被认为将在新一轮机构调整中扮演重要的角色。在银监会这一年左右的时间里，郭树清从严监管，罚单和制度不断，各类"补短板"的措施接踵而至，银行业务以及公司治理也更加规范。

"郭氏旋风"大概率也将延续至银保监。"保险行业从2017年开始一直在完善监管，因为过去保险业的发展比较粗放，特别是万能险，还有保险公司的资本金存在很多弄虚作假，出现了'保险不姓保'的现象。"3月24日，中国金融改革研究院院长刘胜军告诉时代周报记者，"所以郭主席一定会把保险公司的规范当成下一步非常重点的工作去推动，因为如果不做的话一定会带来非常严重的风险，这一点应该是一个比较清楚的趋势"。

在银保监的干部大会上，郭树清指出，要毫不放松地抓好监管工作，确保机构组建和监管工作"两不误、两促进"。

|| **新身份、新挑战**

除了以央行党委书记的身份协调金融监管，担纲银保监主席的郭树清，面前的第一个难题，或许是银监会和保监会如何合并。

根据银监会官网信息，银保监党委已召开党委会议，成立机构组建工作领导小组，研究部署机构改革期间有关工作。郭树清在党委班子成立会上表示，抓紧研究机构组建安排和"三定"(定职能、定机构、定编制)方案意见。

据时代周报记者梳理，银监会内部设有28个部门，保监会设有15个职能机构和2个事业单位。两者均有的部门包括，办公厅、政策研究局、法规部、财务会计部、人事部、宣传部、国际部等；但对于银行，银监会分为政策银行部、大型银行部、股份制银行部、城市银行部、农村金融部、外资银行部，而保监会分类较为简单，相关部门为财险部、寿险部、中介部和资金部。

3月22日，国务院发展研究中心金融研究所保险研究室副主任朱俊生告诉时代周报记者，原来银监和保监的设置确实差别比较大，保监这边更多的是按照业务属性，财产险、人身险、偿付能力、财会，然后外资机构专门有国际部，它是这样来设置的。"但是银监那边的主体部分是按照大银行、股份制银行，还有就是城商行，分机构来监管。这是两会之前在部门设置上有比较大的差异。"

一个有可能出现的情况是，保监会的部门设置可能向银监会靠近，比如设置中小险企监管部、外资险企监管部等。今年全国两会期间，就有全国人大代表提出设立中小保险公司监管部门的建议，对保险公司实施差别化监管。

"我不觉得一定是保监向银监制度设置上靠拢，因为银监会原来那种设置也存在一些问题，如何重新去梳理接下来的监管架构，要有一个统筹的考虑。"一位不便具名的保险业人士对时代周报记者说道。

3月24日，银保监排名第一的副主席王兆星出席2018年中国发展高层论坛，这也是银保监会成立后他的首次亮相。他在回答记者的提问时表示，"部门肯定有合并的"。

从分支机构的情况来看，银监会几乎在全国每个县市都设有分支机构，但保监会却只有36个保监局，另外在5个城市设有保监分局。"暂时还没有具体的动静，都在等上面的通知。"一位地方银监局人士告诉时代周报记者。

朱俊生分析说，保监会现在都是省里面有，然后极个别的地市有，所以总体来讲，地市这级覆盖很少。"整合之后对保险的监管非常有利。因为原来保监这块确实比较薄弱，所以整合之后，能够有一部分力量可以辐射到原来在地市一级比较缺的保监监管力量，这对于市场的监管是比较有利的一件事情。"

"至于说在县级有没有必要增设保险监督的职能，要看具体情况，因为保险规模比较小，监督起来难度要小很多，所以不一定非要像银行那样在那么多城市有监管。"刘胜军分析道。

毋庸讳言，两者在合并的过程中，面临着人事调整、部门职能重构等问题，但银监会和保监会在职能上面也有很多相似之处，合并的过程或许并没有外界想象的这么困难。

中央财经大学保险学院学术委员会主席郝演苏对时代周报记者说，银行和保险都是利用客户的货币开展业务的金融企业，运作的本质相同。新的银保监正在进行原有的银监与保监机构的合并，预计实行统一的监管框架和制度。

"保险作为非银金融机构，与银行的差别还是很显著的。即便监管部门合并，在新的银行保险监督管理委员会内部可能仍有必要分部门监管。因此，在其内部如何设置银行、保险的具体监管部门以及建立部门之间的协调机制非常重要。如何分、分到什么程度、如何整合共性的监管部门，提升监管效率，仍需要进一步探索。"朱俊生说道。

|| "监管旋风"延续

一年前，郭树清在国新办新闻发布会上，对于外界传言他回归金融系统的一个重要任务就是主导"三会合并"，郭树清笑着回应道："这是谣言"。

　　"三会合并"虽是谣言，但郭树清将在新一轮金融监管中扮演更重要的角色，却是各方所认可的。3月21日，中组部宣布的任命结果，与市场预期一致。这距离郭树清从山东进京仅仅一年左右的时间。

　　回顾郭树清的职业生涯，大部分时间都在"啃硬骨头"。2001—2005年，郭树清担任央行副行长，履职两年后便兼任国家外汇管理局局长以及中央汇金董事长。当时中国加入WTO箭在弦上，郭树清要面对的，一方面是加速膨胀的外汇储备；另一方面，固定汇率制度遭到外界诸多质疑。

　　2005年3月，49岁的郭树清临危受命，"空降"建行。随后花旗集团临时变卦放弃了建行上市顾问和保荐人身份，也不再兑现建行首发前买入股权的承诺。一时之间，建行上市局面尴尬。但经共同努力协调，终于克服困难，完成上市。

　　2011年10月，55岁的郭树清接替尚福林，出任证监会主席，伴随着其从"运动员"到"裁判员"身份的置换，A股也进入郭树清时代。他上任伊始便直面发审制度，惊天一问"IPO不审行不行"。至2013年3月卸任证监会主席时，郭树清担任证监会主席的506天，提出的各项制度调整政策达70项，相当于每七天就有一项新举措。

　　在任银监会主席的这一年时间里，郭树清以整治银行业市场乱象为主要抓手，组织各银行业金融机构和各级监管机构以问题导向加大治理力度，开展了"三三四"等专项治理行动。

　　在2017年3月末至4月上旬期间，银监会新规密集下发，两周时间下达了7个监管文件，银行业迎来了严监管时期。郭树清来到银监会后，也被外界称为带来了一股"郭式强监管旋风"。

　　对于一年来执掌银监会治理金融乱象的成果，郭树清3月17日用了三个字来评价，"还可以"。

　　银行业已经领教了"郭氏旋风"的威力，这样的工作作风大概率将延伸至银保监，监管仍会非常严格。郭树清则在任命大会上表态，以服务供给侧结构性改革为主线，抓紧抓好服务实体经济、防控金融风险、深化金融改革等重点工作，牢牢守住不发生系统性金融风险底线。

事实上，这些年，保险行业乱象不少，比如一些资本大鳄依靠万能险获取的低成本资金在二级市场上兴风作浪、违规的海外投资、保险牌照倒卖等。"从2017年开始，保险行业的监管就很严格，这次合并之后，监管的方式和具体的项目上可能有些新的思路。"上述保险业人士说道。

刘胜军称，作为第一任中国银保监会主席，郭树清面临艰巨的挑战：处置"僵尸企业"，化解不良资产；推动银行体制改革，让银行真正按照市场经济原则放贷；如何让"保险姓保"；完善银行保险监管，实现金融监管的与时俱进；打破刚性兑付，尤其是银行理财产品；促进"银行服务实体经济"。

上述种种问题，都需要有严格的监管框架来做保障。朱俊生对时代周报记者说，银保合并之后，大家普遍的预期是强化以资本为核心的审慎监管，就是主要考虑资本以及通过这个来约束保险公司，在开展业务的时候能够自我约束，包括开展投资业务的时候。

"强化这样一个监管会有很大的好处，第一监管部门会关注很核心的东西就是资本，防止保险公司盲目地扩张带来一些风险；但另一方面也会让市场主体有比较多的行动空间和自由，让效率跟活力也有所保证，这是比较可取的一种方式。"朱俊生说道。

在具体的监管思路上，郝演苏对时代周报记者分析称，新的银保监将会重新整合与梳理业务线，储蓄与中短期理财产品由银行经营，风险保障型产品和养老或年金类长期理财产品由保险公司经营。"同时，出于跑了和尚跑不了庙的思维，监管机构将进一步扩大银保合作力度。"

（原文刊发于《时代周报》2018年3月27日第485期）

第二章

资本市场

资本市场是现代金融体系的重要构成，是市场化配置资源的主战场。

2008年至今，恰是我国资本市场迅速发展的十年。创业板起锚、融资融券起航、沪港通和深港通落地、新三板建立，我国多层次的资本市场蓬勃发展，在助力经济高质量发展、助推经济增长动能转换等方面，取得积极进展。

十九大报告强调指出，中国特色社会主义进入了新时代。在新时代的重大历史机遇期,资本市场也正迎来新时代、踏上新征程。新时代的发展目标，必然要求资本市场明确新任务、新目标，肩负起新的、更重要的使命。

创业板起锚

文/黄蒂娟　　陈层浪（实习生）

创业板首批公司上市

编者按

从2009年10月推出至今，创业板已有9年的历史。与主板相比，创业板具有门槛低、风险大的特点，但也是孵化科技型、成长型企业的摇篮，是主板市场的重要补充。9年前，在创业板正式推出的前夕，时代周报记者赶赴深圳，见证了这个重要市场的诞生。

市场的平淡观望，随着创业板倒计时的临近开始躁动。

临近9月25日的这几天，深圳的各大券商营业部都在通宵达旦地赶着帮客户开户。临门的扎堆开户，营业部开户数将骤然出现"井喷"的景象。

实际上，自7月15日开始，中介机构便可以接受开户申请。但市场反应并不热烈，曾经预计的火爆开户局面并没有出现。根据深交所9月13日的数据，仅有381万个创业板账户，这与之前1000万~2000万个参与者的预计数目相差甚远。

虽然最先过会的十来家企业中，已经否决了两家，但随后等待过会的企业将密集进行。创业板这艘敲敲打打了十年的航船，终见起锚。

|| 十年破茧

20世纪90年代末，美国纳斯达克的狂潮席卷全球，中国的资本市场也跃跃欲试。

1998年12月，国家计划发展委员会向国务院提出"尽早研究设立创业板块股票市场问题"，国务院要求证监会提出研究意见。这是国家第一次提出设立创业板的概念。不到一个月时间，深圳交易所很快拿出实施方案，并向证监会正式呈送《深圳证券交易所关于进行成长板市场的方案研究的立项报告》。

从2000年起，深圳交易所开始暂停新股上市申请，专门筹备创业板，创业板的建设全面展开。当时的周小川曾表示，证监会对设立"二板市场"已做了充分准备，一旦立法和技术条件成熟，我国将尽快成立"二板市场"。

同年10月，深圳交易所副总经理胡继之首次系统全面阐述创业板的功能定位、发展思路和深圳交易所历史使命。深交所还快速推出《创业板市场规则》咨询文件，征求各方意见。

2001年11月，证券监管层认为股市尚未成熟，需先整顿主板，创业板的筹备搁置。记者从一位知情人士处了解到，当时搁置的原因复杂，其中外部环境变得不乐观是一个原因，2000年纳斯达克一路走低，出现大幅度的下跌。

创业板搁置近两年后，2004年5月18日，经国务院批准，中国证监会正式发出批复，同意深圳证券交易所在主板市场内设立中小企业板块。2004年6月25日，浙江新和成成为挂牌中小企业板块的第一股，从此，我国"准创业板"开始步入"试练"的发展阶段。

中小企业板一直被看作是创业板的试水和过渡项目。更有人质疑创业板的开启是在"中小企业板"基础上改制而成。对此，深交所回应指出："创业板与中小企业板是两个不同的板块，两者处于不同的层次，除企业选择标准不同外，在功能定位、风险特征、制度设计等方面还存在显著的区别，创业板并非简单地放宽现有中小板标准改制而成的。"

一位深圳的创投人士认为，创业板实际上弥补了创投业与市场对接的一个缺口。

2007年，创业板重回议程，《创业板发行上市管理办法(草案)》获国务院批准。2008年3月17日，证监会主席尚福林表示，2008年加快进行创业板的启动准备工作，争取在2009年上半年推出创业板。

但金融海啸的不期而至，多少打乱了节奏。创业板并未期许中在2009年上半年推出，直至9月份企业才步入象征启动的过会阶段。

|| 中国特色保荐制度

创业板是一个高风险的投资板块，因此对于规则的搭建，市场尤其关注。

2009年5月14日，中国证监会正式发布适应创业板特点的、修订后的《证券发行上市保荐业务管理办法》和《中国证券监督管理委员会发行审核委员会办法》。

其中，证监会《证券发行上市保荐业务管理办法》根据征求意见稿进行修改，但对于不适用的市场意见也一一给予解释。其中，收集到的主要意见之一是建议豁免创业板公司IPO当年即亏损的保荐人责任。证监会对此认为，尽管创业板公司经营不稳定，但如果公司上市当年即告亏损，对市场影响极坏，因此不能放松对保荐人的责任追究，未对建议予以采纳。

"对于一些要求放松放开的建议均没有采纳，从中可以看出目前有关部门还是趋于保守的。"一位相关人士评价道。

证监会对准入门槛和保荐制度是一贯的谨慎。从2004年开始，我国就开始实施保荐人制度，这也是世界上首次在主板市场实行保荐人制度。"保荐人制度"是指由保荐人(券商)负责发行人的上市推荐和辅导，核实公司发行文件，协助发行人建立严格的信息披露制度，并承担风险防范责任。

香港创业板就是因为保荐人制度的缺位被诟病，直至2007年，香港创业板保荐人制度才通过修订成立。2008年7月，香港创业板再次上调上市门槛，申请人在前两个财政年度的净现金流入合计不得少于2000万元。到香港创业板上市，公司需要有2年的活跃业务记录，但对盈利仍不设底线。

一样是无准入限制，但英国伦敦创业板AIM显然做得更成功。AIM是目前世界上最具活力和吸引力的创业板市场之一，AIM的成功更在于其独特的保荐制度。"英国的AIM不设盈利底线，门槛相比我们的创业板要低。有时一个'三无'企业，只要凭借'中国概念'就可以上市。"一位曾服务于英国品诚梅森律师事务所的张律师向时代周报表示，虽然无强制性的准入限制，但却有完整的保荐人制度，保荐机构与企业做到责任共担。

而中国创业板无论是准入门槛，还是保荐人制度都有比国外更为严格的要求。从相关规则中可以看到，创业板上市企业的标准是最近一年营业收入不少于5000万元，最近两年营业收入增长率均不低于30%。最近两年连续盈利，净利润累计不少于1000万元或最近一年盈利且净利润不少于500万元。

|| 正反样本做市者活

自1962年开始，共有39个国家和地区先后设立了75家创业板市场。但截至2008年末，全球创业板市场只剩下41家，另外34家已经先后被"关停并转"。但中国创业板仍不乏正面参考样本，如纳斯达克和韩国的科斯达克。它们在谈到自身创业板的成功经验时有一个共同点值得注意——那便是有必要为创业板引进做市商制度。

韩国证券交易所北京代表处首席代表韩昌佑向时代周报表示，科斯达克在韩国证券市场的成功，做市制度是一个重要原因。做市制度能够使市场保持较高流动性，从而做活市场。

纳斯达克北京首席代表徐光勋认为，纳斯达克得到的经验教训是，在系统完善的前提下，有市场参与人在做庄做市，即所谓做市人。因为，上市公司交易量不活跃会直接影响到公司价值的实现，久而久之，公司就不会愿意到这里来上市。

做市商制度已经有成功样板，模仿者也亦步亦趋。香港市场又将这种做市商制度称为"庄家制"，是否要引进也一直存在争议。据温天纳介绍，香港对庄家制仍非常保守，听到这个词会觉得是刑事犯罪。所以一直以来都没有办法去突破，至目前为止，也没有看见任何的庄家制度的建立。

但温天纳认为，做市商制度是一个双刃剑。庄家制有它存在的作用，但如果处理不好也会很危险。因为这个制度对庄家本身的诱惑很大，在交易过程中容易出现问题。如何去规范庄家进行交易，仍是要考虑的难题。

诞生于IT浪潮的香港创业板，近年的萎缩是一个不争的事实。有市场人士分析，香港创业板陷入目前窘境，既有政策原因，也有市场原因。首先，在制度上，香港创业板缺乏保荐人机制，属于买者自负型，没有严格的保荐人机制来降低投资者的投资风险。其次，市场监管过于宽松，对市场出现过度"爆炒"不能做到很好限制，从而挫伤投资者的信心和投资热情。

温天纳认为，除了制度不善，香港创业板日渐萎缩还有一个市场环境原因，即香港本土市场缺乏足够的上市公司资源支撑创业板块，对其他市场的公司依赖性很强。中国证监会副主席姚刚在分析国际创业板市场失败的原因时也曾说过，多数创业板是因为上市后备资源不足，缺乏初创型企业。为了扩大市场规模，一些交易所只得将上市门槛不断降低，发行人的良莠不齐最终导致投资者丧失信心。

‖　低调"守夜人"宋丽萍

创业板在资本市场甚嚣尘上，作为掌门人，深圳证券交易所总经理宋丽萍却低调如常。

1982年，学生时期的宋丽萍，在中国人民大学被选中留学日本，先后在日本、美国获得经济学、工商管理学硕士学位。1988年就职于日本野村证券公司，是名副其实的"海归"。

20世纪90年代初，回国后的宋丽萍供职于"中国证券市场研究设计中心"。这个简称"联办"的机构是中国证券市场的摇篮，活跃于中国财经界的多位核心人物，如周小川、高西庆、李青原、王波明均在此"历练"过。在此期间，宋丽萍还参与筹建中国证券监督管理委员会。

1992年至2002年，宋丽萍先后担任过中国证监会市场监管部、发行监管部和机构监管部主任。曾与宋丽萍共事或是有过交往的人对其的评价是，为人低调，但行事果断干练，在业务上好学包容，其海外的学习工作阅历，能够接受来自市场方面的意见。

此外，宋进入"联办"初期还参与创办了《证券市场周刊》，这是一本中国最早的专业性证券刊物。因此，有业界人士认为，外界一直对宋丽萍知之甚少的一个原因，是其深谙媒体的运作，非常懂得将自身曝光度控制得恰如其分。

2008年在上任深交所总经理不久，宋便接受央视"新闻会客厅"节目的邀请谈创业板的问题。但此后，无论是媒体的采访，还是一些金融论坛活动的邀请，都少见其露面，大多由其助理代劳。

在宋丽萍20年的证券市场工作生涯里，她几乎全程参与了中国证券市场规划设计与历次重要的改革，使得其在证券市场发行、交易和监管体制建设等领域都有着较深刻认识及经验。

2002年，宋丽萍被调至深交所出任常务副总经理。"深蹲"六年后，2008年2月，宋丽萍获得"转正"，接替张育军成为深交所总经理，她还是中国历届证交所总经理中的首位女性。证监会将创业板的启动备战交由宋丽萍负责，寓意自然不言而喻。

在一次新员工入职培训上，宋提起过她所推崇的小说《守夜人》。这是俄罗斯作家谢尔盖·卢科扬涅克的作品，小说讲述的是主人公是魔法世界一名具有超能力的守夜人，始终坚守在黑暗与光明的边界，随时纠察黑暗阵营的越界行为。

　　书中呈现出的光明和黑暗实际是互相牵制，无条件地行善也会成为作恶的理由，而黑暗作恶也须有界限约束，遵守规则可相安无事。

　　且不论书中高深晦涩的"平衡"哲学，而资本市场何其像这个魔法世界，不难揣测"守夜人"实际上反映出宋丽萍对于深交所在资本市场应当扮演的角色的定位。

　　做到资本市场的一个平衡，即市场的公平与公正能时刻得到维护，就必须有毫不松懈的守夜人。在近年宋公开发表的言论中，就不难发现她一直着力地强调对市场的监管以及市场参与者自身的自律。

　　无论如何，创业板将是宋丽萍上任总经理以来面临的第一大考。

　　　　　　　　　　　　　　（原文刊发于《时代周报》2009年9月28日第45期）

融资融券起航

文 /陆　玲

经过4年精心准备的融资融券交易试点3月30日正式启动，这项既复杂又略带风险的金融创新业务，对于广大投资者来说，目前也许并未做好准备。

3月31日上午9时25分，阎先生在国泰君安上海江苏路营业部借入现金买进金融股，并在集合竞价后成交成功，轻巧拿走了万众瞩目的融资融券第一单。这意味着经过8年研究和4年准备的融资融券交易进入市场操作阶段，A股双边交易时代来临。

广发证券融资融券业务部负责人表示，31日上午9时25分01秒，该公司深圳深南东路营业厅产生首单业务。

不过，并没有很多人能分享这一喜悦。此前，时代周报记者走访各证券公司营业部发现，由于融资融券的具体操作流程较为复杂，大部分人对此缺乏了解，融资融券专员在作答时，也是一边不停翻阅新近发的培训材料。据营业部的工作人员介绍，来咨询融资融券的股民很多，真正开户的很少。

|| 高利率之困

据统计，截至目前，融资融券开户人数才4000多，更多的客户还是处在观望当中。毫无疑问，最大原因是利率过高。

"如果仔细算一账，高达7.86%的融资利率和9.86%的融券费率，再加上还要缴纳交易佣金和印花税等，费用不少，而且在这种收益和风险都被放大的交易中，个人散户赢率实在太小。"投资者杨先生告诉时代周报记者，他暂时不打算参与，"这样高的成本是故意将部分有意开户的投资者挡在门外"。

在上周召开的融资融券启动前动员会上，首批6家融资融券试点券商已经"统一口径"，将采取固定融资利率7.86%和融券费率9.86%。利率基准是向国际惯例看齐。融资利率一般较同期贷款基准利率高3个百分点。

3月31日，融资融券正式启动。从融资融券成本费率看，6家券商融资利率统一为7.86%，但融券费率除了海通证券和国泰君安与融资成本一样外，另外四家均为9.86%。而对沪深两市的融资标的证券折算率在0.3～0.6之间。

"对于个人来说，这样的融资融券利息比买房的按揭利率高多了，而且融资客户的授信期限最长不超过半年，利息达到7.86%，和同期银行贷款利率相比高出3%。目前很多银行无抵押贷款并不麻烦，券商融资融券利息并无优势。"杨先生称。

"不过我们并不担心。"某券商营业部负责人在接受时代周报记者采访时表示，按照监管层"稳起步、高标准"的思路，这是为控制风险。贷款3%很多大客户并不觉得高，其他的个人融资渠道费率更高，温州那些民间借贷的，比这高出不止一个点。

国信证券某营业部大客户告诉时代周报记者，目前还算比较合理。很多大客户主要看重服务价值，不能简单跟银行利率比。

此外，高达50%、甚至90%的保证金，让很多投资者心生怨言。"以90万元作抵押进行融资买入证券时，最多只能融100万元，杠杆已非常之短，若融资保证金比例高于100%，投资者为何缴纳百分百的保证金向券商融资，难道就为了向券商支付7.86%的利率？"

"保证金过高是有些涉嫌侵占客户资金。"万联证券金融衍生品部研究员孙亘告诉时代周报记者，但若一开始定价过低，各券商打起价格战不利于新业务的开展。大客户的佣金目前已非常低了，若单纯跟银行利率看齐，券商也没动力。随着融资融券的全面铺开，可能会降下来。

"现在监管层是本着稳起步、高标准的思路来的。这样的利率也是可以的。目前是积累经验的试点阶段，新生事物不允许失败。"西南证券研究中心副总经理解学成在接受时代周报记者采访时表示。

‖ 静待转融通

除此之外，目前证券公司开展融券业务，可能遇到"无券可融"的问题。一家券商的融资融券部负责人解释，试点期间融券业务的证券来源于证券公司的自有证券，只有可供出售的金融资产科目下的标的证券才用于融券业务，但实际来看目前各家券商自营盘都不大。

根据11家券商中已披露的2009年年报的7家券商财务报表统计来看，平安每家券商持有上证180、深证100、沪深300成分股的数量为16亿元，不过其中不仅包含可供出售类金融资产，还包括交易性金融资产。

时代周报记者了解到，试点券商目前仅打算拿出总规模中的1/10资金"试水"融券业务，平均5亿元左右。以中信证券为列，120亿元的融资融券规模，只有20亿元是用于融券的。"即便如此，短期内根本无法达到的。"

某券商人士在接受采访时很委屈："融券业务可能造成客户与券商利益相悖。比如我们券商自营部门的一只证券，在可供出售的金融资产项下提供给客户融券业务，客户拿去做空，该券的股价下跌，若正好赶上券商财报统计时期，这会使我们的财报很难看，对不起股东。"

多家券商融资融券部负责人均表达了类似的担忧，"融券很可能意味着券商和客户对赌一只股票的涨跌，对于券商的利益存在双向影响的可能，有时即使有券也不敢给客户融。"

"这种交易模式试点期间还没有很好的模式，发达国家都有券商间大的拆借，但目前中国各券商之间相对独立，这种模式有待探讨。"某券商融资融券部负责人告诉时代周报记者。

上海睿信投资公司董事长李振宁认为这只是暂时的，融资的前提是券商有可提供的资金，融券的前提是券商有可供融入的券，因此融资融券试点还是受到券商本身条件的制约，以后跟国际完全接轨之后，券商可以从银行借入资金开展业务，这样券商本身的资金不再会成为瓶颈。

全国政协委员、中央财经大学金融学院教授贺强也在两会间隙表示，中国应成立自己的融资融券公司即转融通公司。此前证监会官员表示，成立转融通公司是试点阶段之后的必经阶段，但无具体时间表。

一位监管层人士曾表示，在未来的转融通公司阶段，将由该公司一方面向银行、基金、保险等公司批发融来资金和证券，一方面向证券公司等零售出资金和证券，从而创造一个更大的资金和证券水池以维持更富流动性的融资融券业务。

"转融通公司的需求越发迫切，仅使用自有资金和自有证券是不够的，难以形成足够规模，与融券方面也存在潜在冲突。"一些正在筹备融资融券试点方案工作的券商人士表示。

"作为一项大的改革措施，转融通公司应该早有筹备。2008年时就已准备好了。"接近监管层的人士告诉时代周报记者，"公司章程目前已做好，但随着试行的进展，制度上要等相对成熟时才会推出"。

‖ 券商增资扩股潮起

"毋庸置疑，随着融资融券的开展，没能进入第一梯队的券商很可能遭遇客户大规模流失的。"西南证券融资融券部负责人告诉时代周报记者。

　　"短期内券商融资融券资格获取的先后，对行业竞争格局影响不大。"万联证券北京营业部经理李立告诉时代周报记者，目前证监会对参与融资融券业务的客户有"开户18个月、交易半年以上"的要求，即便转过去了也是要重新开始计算的。很多咨询的客户在了解规则之后，特别是明白了要承担的风险后很少要求转户。

　　"但若第一批和第二批间隔时间过长的话，公司大客户有可能产生不满。"一位未进入第一批试点券商的融资融券负责人称，"据悉今年4月份推出第二批融资融券试点券商。大家对此都很重视，若不在第二批名单中，第三、四批融资融券试点券商获批并无时间表"。

　　"现在是试点期间，市场行情不好的话，很多客户可能自己的钱都没有满仓，更别提用什么融资融券了，对券商格局是不可能产生很大影响的。"国信证券分析师田良告诉时代周报记者。

　　在融资融券这个"香饽饽"面前，各大券商都铆足了劲。在未能跻身首批试点争夺战的第二梯队券商中，大规模增资扩股计划正在启动。在成熟的资本市场，融资融券业务产生的利差收入和融券业务的手续费收入，一直是证券公司稳定的利润来源。

　　在净资本为纲的券业监管体系下，资本金无疑是衡量券商融资融券竞争实力的主要指标。尤其在《证券公司分类监管规定》实施后，明确要求券商开展创新业务必须有更加雄厚的资本金支持。

　　在融资融券和股指期货等创新业务推出之际，中信证券等竞争对手凭借100亿元资金抢奔在融资融券路上，而国泰君安只能使用20亿元到30亿元资金去做创新业务，这种竞争显然不是一个重量级别的。

　　国泰君安董事会会议近日在桂林召开，会议的主要议题就是规模可能为100亿元的融资。此前长江证券公告称，拟向不特定对象公开发行不超过6亿股A股股票，筹资总额不超过90亿元。从半年报数字来看，长江证券净资本为39.11亿元，完成配股后将扩大公司净资本近一倍，业内人士认为本次增资主要是为创新业务未雨绸缪。

事实上，增资已成第二梯队券商的集体性规划。据悉，除长江证券外，财通证券、国盛证券、东吴证券等多家券商目前都有增资计划，目标资本金规模从20亿元到50亿元不等。而浙商证券等其他券商也有这方面打算，但还需与股东做进一步沟通。

"目前申请融资融券业务最大的障碍就是净资本还未达标，为此公司正在酝酿增资计划，先按试点券商50亿元的要求做方案。"东吴证券融资融券部负责人表示。

业内人士称，证监会对首批申请融资融券资格的券商，有近六个月净资本均在50亿元以上的要求，虽然该标准未来可能下调，但由于净资本规模决定了未来券商融资融券业务规模和利润空间，因此目前券商对于提高净资本的要求依然迫切。

中国人民大学金融与证券研究所所长吴晓求指出，由于融资融券先期试点将从资本规模、盈利能力及公司制度建设都比较上乘的券商进行，这无疑给大型的综合类券商带来更多机会。对整个行业而言可以说是一次重新整合。

（原文刊发于《时代周报》2010年4月5日第72期）

最强IPO浪潮来袭

文/项义妹　陈姿羊

阔违一年多的IPO大戏正式拉开了帷幕。

2013年12月30日晚间，新宝股份、我武生物、纽威股份、楚天科技和炬华科技这5家企业拿到了本次IPO重启后的首批新股发行许可。随后，获批新股便如雪花般纷至沓来，截至到2014年1月7日晚间，短短一周时间内已有36家企业获得发行上市的资格。

而本周便有8只新股首发，但时代周报记者发现，这8只"首发军"实则质地良莠不齐。"经过2013年的财务核查，加之监管层背书，按理说这几家质地都不会差，但实际情况不尽然。"证监会深圳监管专员办事处顾问宋清辉向时代周报记者表示。

面对汹涌的IPO浪潮，A股市场也给予了强烈反应，在2014年刚刚过去的四个交易日中，沪指累计跌幅达到3.24%，创2002年以来的最差开局。而另一边，投资者的"打新热情"也持续高涨，认为如果能中签申购到新股，短期仍会获得暴利。

‖ 3天8只新股申购

闸门开启，便一发不可收拾。1月8日，开年的第五个交易日，拟在中小板上市的新宝股份和拟在创业板上市的我武生物作为"首发军"进行申购。

从1月8日的两只新股网上申购的询价结果来看，我武生物和新宝股份两只新股的发行市盈率均低于行业市盈率水平。我武生物发行价对应的发行市盈率达到了39.31倍，而其所属行业市盈率则在56倍左右；新宝股份的发行市盈率为30.08倍，比其所处的中小板电气机械和器材制造业的行业平均36倍的市盈率略低。

事实上，在1月8日到10日这三天内便有共计8只新股实施申购。这8只新股覆盖了沪市主板、深市中小企业板和创业板，其中沪市主板项目为纽威股份；深市中小企业板2个项目为良信电器和新宝股份；创业板项目为炬华科技、天保重装、奥赛康、我武生物、楚天科技这5个公司。根据它们的招股说明书显示，上述8只新股总计发行3.9亿股，对应的计划募资总额为38.87亿元。

而在本周"八连发"之后的一周，A股市场还将迎来28只新股的集体登场，这也将刷新此前单周最多发行10只新股的A股市场纪录。按照证监会此前"2014年1月份将发行50只左右的新股"的说法，本月证监会还需批复约15家公司的IPO申请。

据统计，IPO开闸以来启动发行的新股数量已经达到36家，最新一批的6家公司于1月7日晚间公布，而此前五批新股的发行数量分别为5家、5家、5家、11家和4家，其中有三家公司拟在上交所主板上市，其他均在中小板和创业板上市。

之前迟迟未公布招股计划的"巨无霸"陕西煤业也于1月7日晚间发布招股说明书，正式启动IPO。相比2011年发布的招股书，此次陕西煤业新发股份从20亿股减至10亿股，募集资金也从之前的172.51亿元缩减至98.33亿元。与此同时，陕西煤业宣布不进行老股转让，但有5亿股股份将进行战略配售。

而另一"巨头"中邮速递却在开闸前夕出人意料地主动撤回IPO上市申请材

料。根据中邮速递招股书，其拟发行不超过40亿股，募集资金99.7亿元。对此，中邮速递解释称，公司决定实施战略调整，同时根据经营需要，对直营区域范围、管理层级进行市场化的调整，考虑到实施这些重大调整将影响到上市进程，所以主动撤回IPO申报材料。

‖ 首批申购企业良莠不齐

虽然"打新"热潮汹涌澎湃，但在业内人士看来，包括1月8日开始认购的我武生物和新宝股份在内，本周申购的8家企业质地良莠不齐。

"经过2013年的财务核查，加之监管层背书，按理说质地都不会差，但实际情况不尽然，不少放行上市的企业未来发展面临着不确定性。"宋清辉向时代周报记者表示。

在本周申购的8家企业中，共有3家企业属于医药行业，分别为奥赛康、楚天科技和我武生物。

据招股资料显示，奥赛康主营业务为消化类、抗肿瘤类产品的研发、生产和销售。2013年前三季度，公司实现营业收入为19.941亿元，较2012年同期增长幅度为33.62%，净利润2.67亿元，同比增长39.11%，公司预计2013年全年实现净利润较2012年增长40%～50%，有较好的发展前景。

而位于湖南长沙的楚天科技则曾在2011年底因"遭人举报"，于2011年12月被证监会发出取消对其审核的公告。据媒体报道，举报材料涉及对楚天科技公开披露的2009年业绩的质疑。

在1月8日申购的我武生物位于浙江德清，是以变应原制品的研发、生产和销售为主营业务的生物制药类企业，主要产品是用于诊断和治疗过敏性疾病的变应原制品。

与我武生物同一天申购的新宝电器位于广东东莞，是小家电制造出口型企业，所属小家电行业竞争激烈。早在2007年3月29日，新宝电器就曾首次闯关

IPO，但在当年4月被否；2007年的9月，新宝电器再次递交申请材料，并于当年11月获受理，但2008年4月再度被撤回。据了解，新宝电器核心产品电热水壶、咖啡机领先优势较大，但整体市场占有率仅约为3%。

同样在路演中受到追捧的还有主营工业阀门的纽威股份，其路演受到52家机构追捧。纽威阀门作为阀门龙头企业毛利率高达43%，有分析师认为，纽威阀门是沪市新股中的优质股，上市后股价仍有上升空间。

相反，主营分离机械设备的天保重装的路演似乎显得较为冷清。天保重装在去年证监会发起的财务专项检查中曾被中止审查，其中的原因尚不为外界所知，但其在招股书中却暴露出不少生产经营上存在的问题，如安全事故频发、盈利能力堪忧。

据时代周报记者了解，2008年9月18日，天保重装子公司天保水电机械加工车间发生一起安全事故，导致2人死亡。另有媒体报道，2010—2011年期间，成都天保重装车间又发生一次生产事故，在航吊重型设备过程中突然吊环脱落，当场砸死一名地面指挥人员。根据天保重装目前的盈利能力，上市后的发展并未被市场看好。

同样，作为首批拿到上市批文的企业，全通教育也引起了市场的广泛质疑。当前，作为全通教育核心产品，校讯通类的产品及服务却饱受非议。同时，随着一些类似微信的APP客户端的家校互动工具的崛起，全通教育等依赖基础运营商的传统家校信息互通企业将面临着被取代的危机。

‖ 股市震荡"迎新"

伴随着IPO重启的临近，市场重心也进一步下行。面对2周36只新股的发行，在2014年刚刚过去的四个交易日中，沪指累计跌幅达到3.24%，距2000点仅一步之遥，创2002年以来的最差开局。

有分析师曾表示，"大小非"疯狂套现、上市公司巨额再融资和新股IPO已成为压在A股市场头上的三座大山，最猛的IPO浪潮已袭来，市场已无法承受之重。

但在新宝股份和我武生物首发的1月8日，早盘时创业板高开高走大涨，一度超过3%。据市场分析认为，此次让创业板走高的消息来自保监会。保监会于1月7日发布《关于保险资金投资创业板上市公司股票等有关问题的通知》，明确保险资金可以投资创业板上市公司股票。

虽然二级市场身受重压，但与此同时不少资金转战新股，寻求"打新"收益。时代周报记者了解到，在北京、深圳、广州等地不少营业部都通过短信的形式提醒投资者，新股申购将从1月8日起正式开闸，也就是说，本周将是IPO重启之后第一个"打新"高峰。

各路资金也跃跃欲试，纷纷制定了"打新秘籍"。一行业分析师告诉时代周报记者，通常沪市新股往往发行量更大，中签较为容易，且沪市新股整体质地较好。"个人投资者可以参与网下申购，但是要注意的是，参与网下申购以后，就失去网上申购的权利。"他补充说道。

根据新股发行体制改革意见要求，对于网下投资者的报价，发行人和主承销商应预先剔除申购总量中报价最高的部分，剔除的申购量不得低于申购总量的10%，然后根据剩余报价及申购情况协商确定发行价格。被剔除的申购份额不得参与网下配售。

宋清辉对时代周报记者表示，"此次新股发行最大的亮点在于新股发行的多少、快慢将更大程度由市场决定，投资者自主判断投资价值，"这样一来，"在完善事前审核的同时，就能更加突出'事中加强监管，事后严格执法，强化中介机构责任'的理赔机制"。

宋清辉还认为，本次新股改革直接拿"三高"开刀，将有力地遏制询价环节中人情报价、虚假报价的违法行为，压缩操纵发行价格的空间。但他同时担忧，从长期来看，IPO新政较难抑制"三高"发行。

（原文刊发于《时代周报》2014年1月10日第267期）

沪港通落地或终结熊市

文/盛潇岚

时任港交所主席周松岗

沪港通"通车"之日正越来越近。

9月4日，沪港通《四方协议》在上交所签署。四方协议由上海证券交易所（下称"上交所"）、香港联合交易所有限公司（下称"联交所"）、中国证券登记结算有限责任公司（下称"中登公司"）和香港中央结算有限公司联合签署，内容涵盖沪港通主要基本业务细节。

中登公司董事长周明表示："（四方）协议的签署，表明沪港通项目已全面驶入快车道。"而随着沪港通渐行渐近，市场普遍预期"通车"后会有大量外资进入内地，从而利好A股。

‖ 外资快车道

上交所理事长桂敏杰表示，《四方协议》为沪港通业务合作构建了完整的协议框架，明确了四方就沪港通股票交易、结算、存管、市场监察的各项权利及义务，标志着具体承担沪港通市场组织业务的两所两司已经就各方面的机制安排达成完全一致。下一步将加快业务技术准备，尽快公布各类业务规则，深入开展技术系统测试，为沪港通正式推出创造更好条件。

其中，协议约定了可通过沪港交易通进行交易的证券范围。

具体而言，在交易标的上，上交所将接纳上证180指数的成分股、上证380指数的成分股以及不在上述指数成分股内而有股票同时在上交所和联交所上市的发行人的沪股为沪股通股票以供沪股通投资者进行交易。但所有以人民币以外货币报价的沪股暂不纳入，所有被实施风险警示的沪股也暂不纳入。

联交所将接纳恒生综合大型股指数成分股、恒生综合中型股指数成分股以及不在上述指数成分股内而有股票同时在上交所和联交所上市的发行人的H股为港股通股票以供港股通投资者进行交易。但所有以港币以外货币报价的港股暂不纳入，有股票同时在上交所以外的内地证券交易所和联交所上市的发行人的H股暂不纳入。

此外，对于曾被纳入沪股通股票或者港股通股票后，不再符合前述条件的股票，投资者不可再买入但仍可卖出。上交所和联交所可商议并经双方同意及有关监管机构批准后，修改沪股通股票及港股通股票的范围。

在交易货币上，沪股通投资者买卖沪股通股票，仅限以人民币交易和交收；港股通投资者买卖港股通股票，仅限以港币报价，以人民币与中国结算或其结算参与人进行交收。

值得一提的是，从目前《四方协议》的内容来看，依旧有诸多细节需要多方机构进一步沟通明确。

根据目前上证所和联交所为实行沪港交易通所作出的安排，双方尚需要对其各自的规则和程序作出调整。上证所和联交所表示将各自就该等调整互相协商，并在遵守适用法律和获得必要批准的前提下，各自在其规则和程序中修订及新增所有必要的条款，以便落实、促使和支持沪港交易通的成立、实施和顺利有序地运作。

同时，上证所、联交所、上证所子公司和联交所子公司还将进一步商定并签署沪港交易通协议，其中包括沪港交易通各项具体事宜的运行安排。中国结算和香港结算将进一步商定并签署沪港结算通协议，其中包括沪港结算通清算交收、登记存管等服务安排。

‖ 或10月揭幕

据透露，沪港通的所有筹备工作都安排在9月底前完成。而对于正式通车日期，港交所行政总裁李小加早前表示，监管机构将在沪港通推出前约两个星期公布"开车"日子。因此市场估计沪港通会在十月中下旬正式出台。

在此之前，沪港通还将完成多轮试点。按照既定时间表，首轮市场演习（即联网测试）已经在8月30日、31日完成；9月12日、13日还将进行第二轮市场演习，如有必要还会在9月下旬进行第三轮。

此外，沪港通尚有不少事宜尚待处理，包括证监会需要批准港交所就沪港通所作的《交易所规则》及《中央结算系统一般规则》修订、认可港交所及上交所的自动化交易服务牌照（ATS）、中国证监会与香港证监会就两地跨境监管和执法事宜签订有关合作备忘录、上交所与港交所需签订沪港通的框架协议、以及国家税务总局就"沪股通"税项作出厘清等。消息指出，预期有关事宜将在9月中至9月底陆续完成。换言之，沪港通的所有相关事宜将在9月底前完全准备好，然后由监管机构拍板宣布正式出台日子。

值得一提的是，沪港通渐行渐近，市场普遍预期"通车"后会有大量外资进入内地，从而终结A股7年熊市。

瑞银证券对沪港通"吸金"的预估是9000亿元人民币。而高盛预计，沪港通将吸引7.8万亿元人民币（约1.3万亿美元）境外资金配置A股。

瑞银证券首席策略分析师陈李表示，A股有望很快便会被纳入MSCI新兴市场指数。他指出，MSC当初忧虑A股未有足够的海外投资限额，但是沪港通机制启动后，海外投资者理论上共可持有股票市值高达9000亿港元，因此认为沪港通为A股估值提供支持。他表示，沪港通将可提高外资对A股蓝筹的定价权，初期沪港通交易者可能主要来自QFII的换仓交易。

高盛中国首席策略分析师刘劲津指出，海外投资者对沪港通非常感兴趣，在直接投资渠道不多的情况下，投资者都会愿意将资金通过沪港通投资内地市场。估计有1.3万亿美元资金希望配置内地A股市场，投资者需求旺盛将令沪港通受惠。

摩根士丹利报告指出，鉴于沪港通可改善目前A股市场所面临的限制性问题，简化投资流程，允许全球投资者相对自由进入A股市场，将对A股被纳入国际新兴市场指数带来正面影响。可以说，沪港通打破了一扇阻挡在中国市场与国际市场之间的"玻璃门"。

（原文刊发于《时代周报》2014年9月9日第301期）

A股保卫战

文/汪　喆　　张晓娜（实习生）

如何救市，这是个问题

对发端于去年的牛市一直冷眼旁观的老股民陈平，在朋友的鼓动下，还是经不起诱惑决定时隔10年之后再次入市。

5月下旬，陈平以10元/股的价格购入*ST蒙发(000611.SZ)。*ST蒙发在随后半个月的时间里一路涨停，在6月8日涨至18.82元。原本期待公司重组利好继续拉涨停，*ST蒙发却在6月8日当天高开跌停。

"本来以为只是震荡调整，没想到就跌得看不到底了。"陈平告诉时代周报记者，*ST蒙发在经过多日的震荡后于6月15日跟随大盘一路下跌，截至7月3日收盘，*ST蒙发股价已跌至8.89元。

过去半个多月，像陈平一样的投资者不计其数。6月12日，上证指数经过两个月的震荡上涨，一度涨至5178点。就在"陈平们"以为"股指万点不是梦"的情况下，以6月15日上证指数下跌2%为标志，新一轮大跌来袭。

在三周时间内，A股暴跌30％蒸发17万亿元市值，1025只股票股价遭腰斩。在经过前两周的大跌后，上市公司、券商到监管层等各方在一片恐慌中仓促开启了"救市大行动"。

‖ 时机未到的首轮救市

过去9天，监管层放出的利好层出不穷。

6月27日，央行决定，自6月28日起有针对性地对金融机构实施定向降准，同时下调金融机构人民币贷款和存款准备利率，以进一步降低企业融资成本。在股市经历了黑色两周，沪指跌达千点之后，央行宣布降息降准的消息，其意图不言而喻。

然而，与以往央行降息降准效果立竿见影不同，6月29日沪指大跌3.3%。

"主要时机和节奏上把握得并不好，操之过急。"武汉科技大学金融研究所所长董登新告诉时代周报记者，此次股灾是牛市以来第一次"像样"的调整，调整规模之大，从投资者到监管层都没有经历过。

"这轮股市大跌就像蹦极，还没到底就半路给监管部门拦了下来。在下跌的力量还没有完全释放出来时，我们半路拦截救市，这显然是螳臂当车，当然没有效果。"董登新告诉时代周报记者。

过去一周利好消息不断，但沪指仅在6月30日上涨超过5%，随后仍然止不住下跌的趋势。

"其实，上周证监会的救市政策并不给力，很多政策看着比较虚。"中信建投一名分析师告诉时代周报记者。中信建投亦是21家发布联合公告的券商之一。

"每天都是在尾盘拉，下午两点半或者上午十点半开始拉，拉大盘蓝筹股。但这个策略效果明显并不好，要么就应该在开盘的时候直接把创业板大盘拉上去。"上述券商人士表示。

过去两周，因为暴跌趋势难挡，各种版本的传言也漫天飞舞。

"所谓外资做空，不过是投资者故意营造出来的一种同仇敌忾的投资氛围，整个A股总市值70万亿元，以外资进入中国的渠道，基本不可能。"上述券商人士告诉时代周报记者，目前外资进入中国的渠道主要以QFII、沪港通及地下钱庄，通过这几个渠道流入做空资金并不现实，当前做空主力仍然是持仓的投资者和机构。

在董登新看来，牛市暴跌的根本原因仍在于A股市场的过度投机。"过度暴涨，过大的累计涨幅，这才是根本原因，涨得越陡，跌得越厉害，市场是有对称性的。"董登新表示，这一轮牛市由资金驱动和杠杆驱动，放大了成交量，也放大了风险。

与以往A股微调不同的是，此次股市暴跌在影响投资者的情况下也对上市公司造成了直接影响。

7月3日，青岛金王发布公告称，因筹划员工持股计划相关事项，自当日开始停牌。而类似青岛金王这样以停牌躲避暴跌的公司，自A股股票跌停潮以来已超过150家。而停牌理由也多以"拟筹划重大事项"为主。

|| 4500点或为阶段目标

不过经过7月4日、5日两天利好消息的轰炸，上述以停牌"锁定"股价的上市公司或许会适得其反，错过多重利好带来的反弹。

"空方已经被消耗得差不多了，折中情况下，暴跌的底端基本上也快到了，技术上存在着比较大的技术成本的反弹要求，这时候我们配合救市政策就能起到事半功倍的效果，在节奏上和市场的增长就同步了。"董登新告诉时代周报记者。

从7月3—5日，三天的时间，监管层释放了近20条利好信息。

在最高决策层倾向果断强力救市的情况下，证监会出台多项救市政策。包括以多举措引导长期资金入市；放缓IPO，减少IPO数量和筹资金额；召集券商及基金公司商讨救市策略；证金公司增资至1000亿元维护市场稳定；7月4日，中信、海通、广发等21家券商在证监会开会发出联合公告，出资1200亿元购买蓝筹股ETF，并于7月6日上午11点之前资金到位……

"我们内部预测这周可能会涨500个点，毕竟周末出了很多实质性的利好。不过，我个人认为最多涨400个点，涨到4100点就不错了。"中信建投匿名人士向时代周报记者披露说。董登新则认为4500点是本轮救市的阶段目标。

"救市有两个原因，最重要的原因是要避免引发金融体系风险；第二个原因是股市大幅度下跌可能会挫伤消费者信心，并给企业带来冲击，导致经济衰退。"长江商学院教授陈龙表示。

事实上，自监管层出面救市以来，关于行政力量是否要干预市场的争论就一直存在。

董登新认为，在普通的市场下跌或调整期，政府最好不要干预。

"但是大盘暴跌30%，已经被定义为股灾了，这就不是普通的市场调整，折中情况下需要特别的政策，怎么特别都不过分，不能以常规的市场环境来判断。"董登新在接受时代周报记者采访时分析说。

"但是救市是不能随便用的。股民和金融机构都需要吸取教训，并付出代价。"陈龙认为，只讲救市而不讲代价是危险的，其导致的道德风险会引来将来更大的麻烦。

"所以说救市是一个非常有挑战性的安排，需要在合适的时候做合适的事。在一个牛市里面救市，所做的事情就更需要仔细思考。"陈龙谨慎地表示自己的担心。

‖　多方救市进行时

证监会

从6月27日以来，证监会先后发布多重利好消息，不过前期效果并不显著。7月3—5日的相关政策，被认为是证监会为了救市亮出的重磅利好。

6月29日，证监会发言人张晓军对外表示，近期股市下跌是股市过快上涨的结果，是市场自身运行规律的结果。不过自6月30日起，证监会就接连采取多项措施救市。

在暴跌难止的情况下，证监会提前颁布了《证券公司融资融券业务管理办法》（以下简称《办法》）。《办法》称，要建立融资融券业务逆周期调节机制，并要求券商根据市场情况等因素对各项风险控制措施进行动态调整和差异化控制。

7月3日，张晓军在证监会例行发布会上表示，考虑到近期市场情况，证监会将相应减少发行家数和筹资金额。28家公司暂缓IPO。

此外，张晓军宣布，中国证券金融股份有限公司将进行第三次增资扩股，由现有股东进行增资，将注册资本从240亿元增资到1000亿元。增资扩股后，证金公司将多渠道筹集资金，用于扩大业务规模，维护资本市场稳定。而证金公司此前被外界寄予了成立中国版"平准基金"的厚望。

除了证金公司的资金，证监会宣布还将多举措引导长期资金入市，中央汇金已入市操作。

央行

央行在6月27日率先发出利好。

6月27日，央行自6月28日起有针对性地对金融机构实施定向降准，进一步支持实体经济发展，促进结构调整。对"三农"贷款占比达到定向降准标准的城市商业银行、非县域农村商业银行降低存款准备金率0.5个百分点；对"三农"或小微企业贷款达到定向降准标准的国有大型商业银行、股份制商业银行、外资银行降低存款准备金率0.5个百分点；降低财务公司存款准备金率3个百分点，进一步鼓励其发挥好提高企业资金运用效率的作用。

同时，自6月28日起下调金融机构人民币贷款和存款基准利率，进一步降低企业融资成本。其中，金融机构一年期贷款基准利率下调0.25个百分点至4.85%；一年期存款基准利率下调0.25个百分点至2%；其他各档次贷款及存款基准利率、个人住房公积金存款利率相应调整。

此次发布过后，仍然无法阻挡A股暴跌的趋势。

在证监会发布多重利好消息后，7月5日晚间，央行联合证监会发布公告，证监会将充分发挥中国证券金融股份有限公司作用，多渠道筹集资金，扩大业务规模，增强维护市场稳定能力。央行将通过多种形式给予证金公司流动性支持。此举被外界解读为中国版"平准基金"呼之欲出。

停牌

三周时间，A股暴跌30%，总市值蒸发17万亿元，1025只股票股价遭腰斩。停牌，成为上市公司最简单有效的护盘方式。

时代周报记者粗略统计，自6月26日以来，超过150家上市公司停牌。部分停牌的股票，此前都曾遭遇股价暴跌。其中48家公司，在两周时间内股价暴跌超过40%后选择停牌，11家公司两周之内股价暴跌50%。

事实上，股市暴跌的三周，停牌的100多家上市公司，原因多以语焉不详的"筹划重大事项"为主。而徐工机械在7月3日停牌后，恰逢证监会、央行等释放多重利好消息，7月6日开盘后，沪指一度逼近4000点。

不过停牌护盘本来就是把双刃剑，虽然在停牌后避免了股价持续下跌，但也有可能错过触底后的反弹。

增持

针对股市暴跌的情况，包括苏宁云商在内的中小企业板50家公司联名发起倡仪书，并承诺积极采取回购、增持、暂不减持等措施，以实际行动维护市场稳定。

7月3日，中恒电气发布公告，公司实际控制人朱国锭增持中恒电气10万股。此外，公司实际控制人朱国锭及总经理赵大春自2015年7月3日起6个月内以不超过人民币5000万元增持公司股份，合计增持股份数不低于200万股，不高于300万股。

中茵股份在股价近腰斩后，于7月1日发布公告称，基于对目前资本市场的判断及对公司未来发展前景的信心，公司6名高管计划自7月1日起，增持公司股份17万～30万股。随后，中茵股份董事、总裁徐庆华在7月3日夜加入增持团队，计划于7月3日起增持5万～10万股。

自6月15日股市暴跌开始，100多家上市公司出现净增持。在增持企业中，南玻A增持达11.85亿元，为净增持企业之首，长园集团、万达信息、双塔食品、交大昂立、永新股份等紧随其后。

回购

除停牌和增持外，也有上市公司选择回购来自救。

7月2日，TCL发布关于首期回购公司部分社会公众股的预案称，公司回购股份。回购的股份将予以注销，从而减少公司的注册资本，并提升每股收益水平。

其中，公司回购股份的价格上限，为公司董事会通过本次回购预案决议前30个交易日公司股票平均收盘价6.70元的150%，即10.05元。回购公司股份的资金来源为公司自由资金，回购资金上限为7.95元。若全额回购的话，预计可回购不少于7910万股，占公司总股本约0.65%。

TCL集团表示，对公司股份进行回购，有利于增强公司股票长期的投资价值，维护股东利益，提高股东回报，构建长期稳定投资者群体，推动公司股票价值的合理回归。

除TCL集团以外，美的集团、隆鑫通用也在今年发起回购。TCL集团在发布回购预案后，在二级市场表现抢眼。

|| 券商、公募基金

应监管层要求，券商和公募基金也先后采取措施进行救市。

7月4日，中信证券、海通证券、广发证券、中信建投等21家证券公司在证监会召开会议，当天，这21家券商发表联合公告称，将以2015年6月底净资产15%出资，合计不低于1200亿元，用于投资蓝筹股ETF。同时，沪指在4500点以下，在2015年7月3日余额基础上，证券公司自营股票盘不减持，并择机增持。

按照证监会发布的《办法》等相关规定，完善周期调节机制，即使调整保证金比例、担保证券折算率、融券业务规模等相关指标，在风险可控的前提下尽量平稳做好客户违约处置工作。

同一时间，华夏、易方达、工银瑞信、嘉实等25家公募基金公司也召开会议，分析当前资本市场形势和基金行业总体态势，表示有信心维护资本市场稳定健康发展。

根据中国基金业协会发布的会议纪要，与会的基金公司表示将打开前期限购基金的申购，为投资者提供更多选择，同时把握市场机遇，加快偏股型基金的申报和发行，并根据基金契约规定，完成新增资金建仓。

此外，与会的基金公司高层承诺：积极申购本公司偏股型基金，并至少持有1年以上。

（原文刊发于《时代周报》2015年7月7日第343期）

A股召回独角兽，中美博弈新经济

文/吴　平

　　4月16日，顶着"独角兽"光环的药明康德启动A股IPO，成为首个以IPO形式回归A股的中概股。从2月6日招股书预披露更新，到3月27日顺利过会，仅仅50天左右。

　　近两个月来，中国证监会、纽交所、港交所纷纷调整上市政策，以吸引独角兽公司。作为产生了全球77%的独角兽企业的中美两国，都需要更多的科技类独角兽，实现国家战略。

　　独角兽企业的行业分布，也体现了时代的变迁。过去，独角兽更多地从互联网服务领域涌现，未来，或许更多来源于人工智能、物联网、生物科技等领域。

　　但无论怎样，2018年独角兽的回归，都将给A股带来深远影响。

|| 三地的争夺

近两个月以来，调整了上市政策的，不只有中国证监会，还有美国的纽约证券交易所、香港的港交所。

为了能吸引更多独角兽公司，纽交所在2017年3月向美国证券交易委员会（SEC）提交申请，计划修改上市流程，允许"直接上市"。

所谓"直接上市"，就是允许企业不必花费巨额资金，找证券公司做保荐和承销，也不用发布招股说明书，只要简单登记现有股票，就可以直接在交易所挂牌交易；前提是，公司不发行新股，不做任何增资，不通过IPO募集资金，只以现有股东的股票进行交易，并且股东们愿意拿出来公开交易的股票市值在1亿美元之上。

普通IPO需要耗费2年左右时间，公司需要不断与监管层和证券公司沟通。

但许多独角兽公司本身就早已经赚得盆满钵满，并不需要融资，唯一需要的就是尽快上市，让股票尽快开始交易，从而让早期的投资人、创业者、员工们能有机会把股票变现。

在这样的背景下，"直接上市"对独角兽企业的巨大吸引力可想而知。

2月，美国证券交易委员会正式批准了纽交所的申请，为"直接上市"打开绿灯。4月3日，首家"直接上市"公司Spotify（SPOT）正式开始在纽交所交易，当日最高价格达到169美元。SPOT是典型的独角兽公司，成立9年以来，全球活跃用户已经超过1亿，上市后总市值达到265亿美元。

在港交所方面，2017年12月15日，港交所宣布计划在上市规则中新增两个章节，允许还没有实现盈利和收入的生物科技类公司上市等。此外，还允许不同投票权架构的新兴及创新产业股份发行人，在作出额外披露及制定保障措施后可以在主板上市。

生物科技是高投入、长周期的领域，大部分创新药的研发孵化都至少需要10年以上，但一旦研发成功就可以获得巨大的科学、经济、社会价值。

而此前，美国纳斯达克股票市场的上市条件相对包容，允许没有盈利的公司上市，因此，许多相关公司都选择去美国上市。

2月23日，为了落实此前政策，港交所发布咨询文件，新增3个"上市规则"的章节，港交所行政总裁李小加在记者会上宣布，新规生效的时间，从此前预期的2018年6月份，提前到4月底，并且，生物科技类公司只是第一步，未来，允许没有实现盈利和收入的公司上市的范围，还可能延伸到其他行业的创新公司。

在政策出台之后，各个大型证券公司都纷纷组织策略会，召集相关的创新药研发公司路演宣讲，与投资者见面。

|| 中国召回独角兽

中国证监会则选择通过特事特办的方式，让一批独角兽企业回归A股，具体包括上市、发行CDR两种方式。

3月15日，证监会副主席阎庆民在参加全国政协闭幕会议时说，CDR（中国存托凭证）将很快推出，市场评价这是独角兽公司在A股上市的最佳方式。另据媒体报道，证监会内部已经成立专门工作小组，全力推进CDR相关事宜。

3月30日，经国务院同意，国务院办公厅转发了证监会《关于开展创新企业境内发行股票或存托凭证试点的若干意见》（以下简称《若干意见》）的文件。

根据《若干意见》，试点企业可以根据规定和自身情况，选择申请发行股票或CDR上市，比如，如果是在境内注册，并且符合股票发行上市条件的，就可以选择直接发行股票上市，如果注册在国外，或者已经在国外上市的，也可以选择申请发行CDR上市。

CDR是指在中国证券市场流通的，代表外国公司的有价证券可转让凭证，简单地说就是阿里巴巴在美国股市上市，阿里巴巴将股票存入相关的金融机构，然后，中国对应的金融机构，在中国股票市场发行代表这批阿里巴巴股票的CDR，中国市场的投资者，就是通过购买CDR实现了对阿里巴巴的投资。

发行股票上市的方式，落实得更快。

4月13日，在证监会公布的最新一批IPO批文中，药明康德赫然在列，说明它将成为证监会吸引独角兽企业回归A股，火速过会、特事特办之后的，首个上市交易的公司。

2月1日，富士康向证监会正式上报了招股说明书，并于2月9日在证监会官网披露。同期，药明康德也上报了招股说明书申报稿。

3月8日，富士康上会并成功通过，仅用36天，创造了中国证券市场的历史；3月27日，药明康德也上会并获得通过。

而药明康德在4月13日拿到IPO批文，也创造了历史。从上报招股书申报稿到正式交易，仅仅用了2个多月的时间，对比起来，普通的IPO企业，由于需要排队，这个流程普遍需要走2年左右的时间，如果碰上IPO突然暂停，时间会更漫长，也许从上报到最后正式IPO，所在市场的竞争格局都发生戏剧性变化，拟募投的项目都需要更改。

政策还在持续加码之中，不断强化独角兽回归的预期。

4月13日，网信办和证监会联合印发《关于推动资本市场服务网络强国建设的指导意见》，宣布要从融资、并购重组、中介机构参与等方面，给予创新型网信企业政策支持，加快实施网络强国战略。

‖ 科技竞争力

"扎克伯格先生，你从大学宿舍创业到成为全球社交巨头，这种事情只会在美国实现，在中国是完全没有可能发生的，对不对？"

近日，当扎克伯格出席美国国会听证会时，一位议员如此提问。虽然是开玩笑，但却透露了中美在创新上的暗暗较劲。

美国纽交所和中国的港交所和证监会的举措，是否出于政治博弈的因素，还是另有考量？

对此，国家发展改革委国际合作中心首席经济学家万喆认为："我们不能说这是政治博弈，但对创新与发展的争取，当然存在竞争，中国需要更加理性对待，需要步步为营，找到提升国家竞争力的关键。"

目前，中国和美国已经并肩成为全球独角兽企业最重要的发源地。据美国研究机构CB Insights的统计，2017年全球总计产生了211家独角兽企业，其中，美国最多，产生了105家，中国其次，产生了56家，从比例来看，美国占了50%，中国占据27%，紧随其后的印度和英国，各自都仅占比4%。

美国的知名独角兽公司包括facebook、netflix、amazon、paypal、oracle、IBM、微软、uber、特斯拉等；中国方面为阿里巴巴、支付宝、腾讯、京东、美团、滴滴出行、百度、小米、华为等。

"科技从来就是重要生产力，而当下正是科技改变人类命运的时代。资本市场不能有效、高效地推动企业创新，则无法为市场活力和国家战略担负应有的责任。因此，证监会最近的举措，是好事，一方面能够为国内创新型企业提供发展平台；另一方面也能让资本市场更好地服务国家战略。"万喆对时代周报记者说道。

另外，在万喆看来，从中国证券市场自身发展角度来看，也到了重要的转变时刻。

2015年发生股灾后，监管层开始履新监管思路，加快重新布局；改革措施、力度都在不断加深；2017年，监管进入全新纪元，逐步实现了全方位、全时段、长效化、制度化。

"市场要震慑，也要抚慰，要出清，也要培育。在这种理念下，就不难理解，加强监管工作一段时间后，需要相应对市场扩容。目前召回独角兽，引入CDR，就是很好的切入点。"万喆对时代周报记者说道。

"接下来，当资本市场容量扩大，选择更多，监管层会逐步完善退市、转板机制，也会逐渐降低'核准'门槛，从而一步步完成真正优胜劣汰的市场化进程。"万喆表示。

|| "独角兽"争议

许多机构都会定期发布独角兽企业榜单，在国外，有TechCrunch，CB Insights，Digi-Capital，《华尔街日报》等机构。

3月23日，科技部下属事业单位科技部火炬中心与长城战略咨询和中关村管委会联合发布《2017年中国独角兽企业发展报告》。由于有CDR、富士康、药明康德火速过会等事件，这份榜单尤其引人关注。

综合各家机构的标准，成立时间不超过10年，估值超过10亿美元，获得过私募投资，且尚未上市，可以被称之为"独角兽"；估值超过100亿美元，则被称之为"超级独角兽"。

在科技部火炬中心的2017年独角兽榜单中，总计有164家企业。其中，估值达到100亿美元的超级独角兽公司，并且成立时间不超过10年的公司为：小米、滴滴出行、新美大、今日头条、京东金融、陆金所、宁德时代、蔚来汽车、菜鸟网络、快手、微众银行、饿了么。

从行业来看，电子商务、互联网、金融毫无疑问地成为最高产独角兽的领域。

根据CB Insights数据，全球来看，独角兽公司数量最多的是企业服务行业，为40个左右，其次为电子商务行业，为36个左右，再次为金融行业，数量为34个左右。

在中国，根据胡润百富的数据，独角兽数量最多的是互联网服务行业，为25个，其次为电子商务行业，为20个，再次为互联网金融行业，为15个。

"未来10年，人工智能、物联网将成为主要战场，或许将成为涌现独角兽公司最多的领域。"近期，中信证券一篇深度研究报告如此预测，其跟踪了人工智能相关基础理论研究成果、科技巨头研发投入、市场融资等核心指标，发现美国、中国在人工智能领域优势突出，已经成为全球人工智能产业引领者。

"我认为未来的独角兽企业，会更多地从人工智能、生物科技领域涌现。"

深圳松禾资本一位投资经理对时代周报记者说道。

能够投中独角兽企业，会获得巨大的投资回报，但同时，也可能面临巨大风险。乐视网此前也曾被市场追捧，被视为独角兽，但现在俨然成了"毒角兽"。

‖　A股抽血效应

而根据证监会"若干意见"，试点CDR和发行股票的独角兽企业的标准是，已经在境外上市的大型红筹企业，市值不得低于2000亿元；尚未上市的，最近一年营业收入不低于30亿元并且估值不低于200亿元。试点企业的行业，限定于互联网、大数据、云计算、人工智能、软件、集成电路、高端装备制造、生物医药等。

根据这些条件，实际上已经锁定了相应公司。比如，市值超过2000亿元的境外上市科技公司，为腾讯控股、阿里巴巴、百度、京东、网易。

据媒体报道，CDR最快可于今年6月落地实施。据称，小米有望成为香港首批"同股不股权"上市公司，最快5月初提交申请在港上市，然后考虑以CDR在内地上市事宜。

无疑，这会对A股市场带来深远影响。"一方面，独角兽上市筹资金额庞大，将对市场产生抽血影响，腾讯等五家企业市值达到7.1万亿元，加上类似药明康德等，符合条件的发行股份上市的30家独角兽企业总市值超过2.7万亿元；另一方面，估值此消彼长，根据国际惯例，独角兽企业都能享受40～60倍的估值发行，但我国目前IPO的估值都被隐形约束在23倍左右，独角兽回归发行的估值，会对A股整体估值体系带来冲击。基于此判断，类似独角兽的优质公司估值会提升，但伪龙头由于稀缺性消失将出现估值下降。"深圳一位公募基金分析师对时代周报记者说道。

"市场千万不要误以为，这是一次'放水'，或者是一次'大跃进'。这项举措，只是为了让市场中有更多的选择，对投资者如此，对企业亦如此。进一步说，这项举措也不过是一个'切入点'和中间项。当监管层的眼光已经放在长远建设，我们也要看懂这一点——给管理者更多的监督，同时也把自己的投资价值观矫正过来。"万喆告诉时代周报记者。

（原文刊发于《时代周报》2018年4月17日第488期）

第三章

罪与罚

从证监会前副主席王益案、证监会原副主席姚刚案，再到保监会原主席项俊波案；从银河证券原总裁肖时庆案、国金证券原董事长雷波案，再到中信证券原总经理程博明案；从新华保险前董事长关国亮案，再到中国华融前董事长赖小民被调查，还有"私募一哥"徐翔案等等，十年来，金融领域的案件层出不清，他们或涉贪腐，或涉内幕交易，或操纵市场，影响恶劣。

党的十九大以来，防范化解重大风险成为今后3年"三大攻坚战"之首，而防范化解重大风险的重点是防范金融风险。对于金融领域的腐败现象，中央的态度很明确，坚决惩治，绝不手软。

金融安全关乎国运。可以预见的是，中央将重点查处"猫鼠一家""监守自盗"的腐败案件。查处金融大鳄和内鬼、打击违法违规金融活动，是防范金融风险的重中之重。

肖时庆落马，证监连环案余震未了

文/陆　玲

编者按

　　银河证券原总裁肖时庆案是证券行业的一个典型案件，他两进两出证监会，在监管官员和券商高管两个身份之间转换，利用手中权力为自己谋求了巨额利益。2009年5月，时代周报在肖时庆案发后不久进行了披露。2011年4月，经法院认定，肖时庆通过内幕交易非法获利1.04亿元，受贿1546万元，犯内幕交易罪和受贿罪，被判处死缓。

　　4月30日对于银河证券来说是个不平常的日子。

　　当很多员工还在为"五一"小长假的行程做准备，忽然传来总裁肖时庆被刑事拘留的消息。"不可能吧？我也刚从网上看到的消息。"一银河证券内部人士在接受时代周报记者采访时感到非常惊讶，并表示当时公司内部气氛很敏感。

当天中午，银河证券控股股东——中国银河金融控股有限责任公司有关负责人证实，肖时庆因个人原因辞职，并接受有关部门调查。下午，中国证监会主席助理吴利军代表证监会宣布，任命李正强为银河证券党委书记。汇金公司总经理谢平代表中投宣布，由胡长生代行银河证券总裁及法人代表职务。

由于之前银河证券的党委书记及总裁都由肖时庆一人担任，而此次，监管层和银河证券股东方各派一人分别接任这两个职位的做法引人关注。同时，作为国内证券业知名的老牌券商、证监会三大"会管"公司，银河证券的命运走向亦备受瞩目。

|| 两进两出证监会

肖时庆，45岁，管理学博士，湖南人。肖时庆履历复杂，担任银河证券总裁之前，曾两进两出证监会。肖最初在中央财政管理干部学院任教，历任讲师、副教授，教研室主任，系主任。后调入中国证监会，先后在上市公司部、发行部、会计部工作，历任处长、副主任。2001年，担任东方证券党委书记、董事长、总经理。2004年，回到中国证监会，历任上市公司监管部副主任、股改办副主任、上市公司监管部副主任(正局级)。

2007年1月，肖时庆正式调任中国银河金融控股有限责任公司党委委员，银河证券党委书记、纪委书记、总裁、法人代表，大权集于一身。

据悉，2008年底，证监会曾计划安排原基金部主任李正强接替肖时庆银河证券总裁一职，肖则回证监会任上市部副主任。但几个月后肖时庆被拘的消息着实让业内错愕。

"肖吃亏在个性。"了解肖时庆的业内人士评价，肖时庆自认为很有魄力，比较张扬、跋扈，同时又善于与领导和监管机构打交道。

银河证券内部对于肖时庆的评价不高，其中最被人诟病的是其酷爱打麻将。银河证券内部广泛流传，肖时庆到地方视察工作，主要日程都会安排这一活动，甚至无暇听取地方的业务汇报。

"肖时庆任银河证券总裁期间，口碑并不是很好，内部不团结，人事斗争很厉害。他是总裁、法人代表和党委书记，大权独揽，但他很少将心思放在银河证券上，到地方出差也很少去营业部，最多是借车的时候去一趟，也不知道他忙些什么。现在看来，他一直在忙自己的事，出事是迟早的事。"一位银河证券的原工作人员说。

‖ 受谁牵连

5月4日早上，银河证券的各部门都已接到肖离职的通知。银河证券表示，尽管公司内部仍不清楚肖被调查的具体原因到底是什么，但可以肯定"与银河证券无关"。

尽管肖时庆是在自己公司一把手的位子上落马的，但舆论关注的焦点都集中在"肖曾长期在证监会工作，官至证监会上市公司监管部副主任"一事上。

这如同王益出事时的身份是国家开发银行副行长，但舆论的关注点一直聚焦在"证监会副主席"这个他已卸去多年的职务上。

此前，已经有7名左右的证监会官员被捕，发行部发审委工作处副处长王小石、发行部副主任刘明、上市部副处长钟志伟、上市部副主任鲁晓龙等，不难发现，所有这些落马官员，大都集中在发行部和上市部这两个部门，而这两个部门正是权力和市场的紧密结合处。

王益和肖时庆，无疑都是跌在了这个"接合处"。

据悉，肖时庆案是王益案的延续。肖时庆在证监会工作期间，一直为王益所赏识，先后被擢升为副处长、处长，后来更被提拔为上市公司监管部副主任。"肖时庆跟王益私交一向不错"。有证监会内部人士向媒体透露，证监会处于早创时期，王益分管发行、基金等最为核心的部门，肖时庆就与其关系融洽、往来密切。

但也有业内人士告诉时代周报记者，肖时庆被调查与杨彦明案有关。作为中国证券业被判死刑第一人，中国银河证券北京望京西园营业部原总经理杨彦明因贪污6840多万元拒不交代赃款去向，"肖时庆作为银河证券的总裁，很有可能受到牵连"。

‖ 控制权之争

银河证券的肖时庆时代行将逝去，匆匆上任的胡长生能否给银河证券带来好的征兆？

据悉，胡长生具有证券市场监管经验，曾担任证监会深圳证券监管专员办事处干部，2005年底调至中央汇金公司工作。2006年银河证券注资重组前通过了证券公司高管资质水平测试。

有报道指出，胡的上任极可能将银河证券大股东中央汇金公司与主管部门中国证监会的矛盾公开化。其实早在2005年汇金公司以拯救者的姿态出现在银河证券时，就已凸显出汇金公司和证监会的控制权之争。

当时，新银河证券重组，证监会稽查二局局长李鸣出任董事会召集人和法定代表人，负责一切文件的签字；总裁一职由肖时庆担任。其后二人在证监会3位主席的亲自护送下到银河证券上班。"银河证券还在我们掌握之中。"当时业界如此解读证监会这一大张旗鼓的举动。

但是新银河证券董事长一职的虚悬，彰显了背后两大部门之间的激烈争夺。银河证券成立之初，虽然李鸣、肖时庆都是中国证监会的派出干部，但是汇金公司一直对外宣称，肖时庆是作为市场化聘用的人士担任银河证券总裁的。

由于银河证券的人事主管部门是证监会，干部任免都由其负责，因此，中央汇金公司一直无法行使董事会聘用管理层的权力。

2007年，肖时庆主政银河证券后，欲扩大银河证券的自营规模，最终被大股东制止无果而终。2008年底，汇金控股股东中投公司（CIC）启动了对旗下各个公司的审计，其中就有一项专门针对肖时庆的离任审计。

有知情人士透露，汇金公司其实一直希望能够真正在银河证券行使"大股东权力"。

|| 胡长生的使命

银河证券曾是国内最大的券商，辉煌时期在全国60个城市拥有证券营业部和服务部共213家，客户300万户。

"银河证券是很牛，但那是很早以前了。"在一位业内人士的印象里，银河证券的牛还是上一轮牛市的情形，但其没有把握住2006年后的牛市机会。"原因很多，包括内部管理问题，"他说，"与中信这些领跑的券商相比，公司长时间内，的确处于大而不强的状态。"

中国证券业协会公布的2007年度证券公司净资产收益率排名中，银河证券排名为第54位，彻底掉出第一阵营。这让人怀疑，银河证券自2006年后就没了动静的上市计划是不是更加遥远了？

上述业内人士告诉时代周报记者，"银河证券上市，估计还要等很久，也根本轮不到，上市前提一般要有三年盈利记录，国泰君安现在都批不了，不要说银河证券了"。

那么，肖案之后，胡长生带领下的银河证券，能开创一个新的未来吗？

（原文刊发于《时代周报》2009年5月11日第25期）

雷波被查溯源，王益案黑幕将揭

文/陈　萌

雷波最后一次公开露面是在10天前。5月10日，身为国金证券董事长的他飞赴成都，参加四川地震灾区周年活动。3天后的5月13日晚，雷在北京突然被带走调查。

"雷波被调查不仅仅因为王益案这么简单"，证监会的一位内部人士对时代周报记者透露说，尽管涌金系的前掌舵人魏东已辞世，但证监会对涌金系的调查一直没有停止，尤其是国金证券借壳上市等内幕交易等。

5月14日，国金证券公告称，公司董事长雷波因个人原因正接受有关方面调查，公司已由王晋勇代行董事长职责。目前公司员工、客户稳定，各项业务运转正常。

看似简单的公告背后却含义深远，尤其是雷波的特殊身份让人浮想联翩——他曾担任证监会前副主席、国开行副行长王益的秘书，与其同样有王益背景的银河证券原总裁肖时庆，4月28日直接被刑拘，5月13日被河南检方正式批捕。

王益案黑幕，逐渐揭开了冰山一角。

‖ 雷波被查

事情似乎并无征兆。5月10日雷波在四川参加活动时，依然卷发，带惯常的茶色眼镜，"他气色很好，心情不错，谈笑风生，态度也很平和。"曾在当日见过雷波的一位四川媒体记者说。

"没想到几天后雷波就被带走，感觉很突然。"仅仅3天之后，5月13日回到北京的雷波突然被带走调查。从当日开始，时代周报记者连续数天拨打其手机，一直是转到秘书台。国金证券董秘刘邦兴的手机虽能接通但一直无人接听，记者所发的短信也从未回复。

"国金证券内部已下了封口令，任何人此时不能接受采访，一切以公告为准。"国金证券的一位内部人士称。

就在雷波被带走调查的当天，5月13日晚，国金证券北京和上海公司的高层，悉数飞抵总部成都，在峨眉山召开紧急会议，差不多到次日凌晨1时才结束，讨论如何稳定客户等事项。

对于雷波现在的境遇，多位证券界人士称"出来混，迟早都要还的"——这或许涉及他在担任王益秘书时包括在涌金系任职期间的旧事。

上述证监会内部人士对时代周报记者表示，王益的涉案情况比较复杂，涉及太平洋证券违规上市、广发证券借壳内幕及国金证券上市隐情等，雷波可能主要牵扯到后者。

5月14日上午，国金证券位于成都市东城根上街59号成证大厦16楼的总部一片沉寂，气氛压抑。"事情比较突然，具体情况我们也不清楚。"国金证券证券事务代表蒋希说自己也很茫然，"当天汇报到四川证监局的也只是公告主要内容。"而在当日，国金证券新的代任董事长王晋勇及董秘刘邦兴都曾出现在公司总部。

雷波是涌金系的重要掌舵者之一。涌金系曾重资介入了湖南两家医药类上市公司——千金药业（600479.SH）和九芝堂（000989.SZ）。对于雷波此次被调查，九芝堂一名前高管向时代周报记者表示："影响应该不会太大。"千金药业董事长朱飞锦也称，涌金系对该公司日常经营没有进行任何干预。但涌金系由于控股九芝堂，人事变动很大，只象征性地留下余克建担任董事长，其余高管全部下课。

"涌金系的专长是资本投资，而对于做实业来说，重要的是产品和市场管理，尤其是人员的合理安排和处置，更需要爱心。"一位九芝堂的高管说。

而国金证券的颓势早有表现。4月21日晚，国金证券公布的2009年一季报（未经审计）显示，归属于上市公司股东的净利润为1.02亿元，同比减少71.87%。这使国金证券成为截至目前首家报出一季度净利润同比负增长的上市券商。

知情人士透露，业内盛传有一份王益等牵出的证监会及金融圈涉案人员名单，雷波应该不是最后一个。这件金融界窝案令决策层震怒，若案件继续追查下去，很可能调查面积将进一步扩大，此前调查主要集中于PE式受贿和证券市场洗钱。

一位证券界高管称，证券市场洗钱常用的方法有：将发行上市时公关给权力者送的原始股在一级半市场售出，并将差价入账；利用"庄家"或上市公司或用研究报告发布利好，资金提前买入，股价上涨后卖出获利；或和场外资金配合高买、低卖、接盘等。几次股票交易能将"黑钱洗白"。

|| 涌金往事

魏东虽已逝，涌金缘未了——雷波已是涌金系中第三位牵涉案件的高管。

今年4月初，时代周报曾报道指出，涌金系一直没有脱离监管层的视线。有关部门和证监会稽查部门在魏东出事前介入，调查工作一直在继续。随着雷波被查，如今得以验证。

雷波是涌金系舵手魏东很重要的一员大将。他曾担任涌金实业（集团）有限公司总裁，2006年2月成为涌金系旗下国金证券的董事长。国金证券亦为二线券商，2005年股市低迷时，涌金系通过旗下多家公司控股成都证券，并更名为国金证券，之后成功借壳成都建投。

同年6月，国金证券"幸运且顺利"地成为中国证券市场第一家借壳上市的券商。"涌金系当初操控国金证券上市，有不少违规之处，证监会一直在查"，证券会一位官员透露说。

"国金证券借壳成都建投的操作和程序都是规范的。"雷波在今年3月份接受时代周报记者电话采访时曾表示，成都市政府专门组织专家对多家重组方进行评比，国金证券是通过竞标和透明的程序被选拔上的。为了避免滋生内幕交易和造成市场波动，国金证券还建议成都建投应该先停牌再谈重组事宜。

对于国金证券在借壳过程中搞了两次定向增发，雷波解释称，两次增发的重要原因，一是根据上市公司非公开发行的有关规定，非公开发行的对象应在10个以内。而国金证券在2006年与成都建投签署重大资产置换协议前，国金证券的股东超过10名，一次性置入全部国金证券股权存在实质性的法规障碍。二是按照《证券法》对从事综合性证券业务证券公司注册资本的要求，上市后国金证券注册资本不得低于5亿元，即不低于总股本5亿股，成都建投于资产重组前总股本仅有7098万股，难以实现国金证券一次性置入上市公司后总股本达到5亿股。

雷波表示，分两步走实际上是对涌金不利的——周期长、程序多、不能募集资金。一须先后两次经重组委的审核批准。本来也很想一步走。但当时券商借壳没有先例。只有严格按照常规重组借壳的法律法规和操作方法来规范地进行重组，只能选择两步走方案。

雷波自称与魏东志同道合，知情者称他和魏东的许多部下一样，对魏东"非常崇拜"，曾不止一次称"魏东是我的良师益友"。2008年4月，魏东在家中跳楼自杀，雷波成为涌金系的重要掌舵人之一。他曾多次公开表示，涌金系并未接受调查，魏东之死也与被调查无关。

在雷波看来，魏东"是一个品德高尚的人，十分谦虚谨慎，同时又是热心肠。他的朋友在工作中遇到困难向他求助时从不回绝，总是会耐心地听对方仔细讲述。然后一一指出其中的关键所在。并提出自己的建议。他对待朋友的真诚和热心是当今很少见的"。

在魏东的追悼会上，雷波曾不止一次流下眼泪，对于有记者质疑魏东是否有违规操作，他甚至怒叱记者"胡扯"。雷表示，正因为魏东是一个相当敏感和异常谨慎的人，抗压能力较弱，所以在工作中反复强调八个字"规范运作、守法经营"。

和魏东一样，雷波异常低调，网上甚至查不到他毕业的学校。但今年4月22日雷在成都接受多家媒体采访时，畅谈地震后国金证券的坚强与发展，而现在，这一切似乎都与他无关。

‖ 王益漩涡

更让业内人士浮想联翩的，是雷波曾经的另外一个身份——他担任过时任证监会副主席王益的秘书。

在担任涌金系要职前，雷波曾任中国期货协会（筹）干部、中国证监会干部。2001年2月，雷波出任新组建的华鑫证券董事、总经理。此后很快股市转熊，华鑫证券也一直是一家小型综合类券商，在业内籍籍无名。

更早的1995年11月，40岁不到的王益出任证监会副主席，分管股票发行、基金等要害部门，雷波是他在证监会的几任秘书之一。1958年出生的雷波只比王益小两岁。1999年，王益离开证监会后，雷波担任上市部副处长。

4月28日被刑拘的肖时庆是1996年进入证监会，2001年转任东方证券负责人一职。2004年肖时庆回到证监会，后任上市监管部副主任，2007年出任银河总裁。肖、雷、王三人在证监会共事多年。而肖和雷，均被认为是受王一手提拔的"铁杆部下"。

"在我的印象中，王益是一个比较随和、喜欢学习、勤奋工作的领导。"雷波曾公开表示，当初他担任王益的秘书，是组织上的安排。王益1998年12月就已从证监会调往国开行工作，做他秘书是10年前的事情了。此外，证券和银行分属两个不同行业，并无任何业务往来，仅仅是作为昔日老下属和老上级的私人情感联系。

"虽然王益早已离开了证监会，但其对证监会和证券市场的影响力非常大，他与魏东的密切关系早为众人所知。"一位接近证监会的券商高官对时代周报记者坦言说。

王益在证监会曾权倾一时。时代周报记者调查获悉，在证监会正式成立之前，国务院证券委办公室主任是马忠智，王益和庄心一分为两个副主任。王益是薄一波的秘书，庄心一是周道炯的秘书。主要负责重大政策和各部委的协调。

"在李剑阁之后，1995年11月到1999年2月，王益做了证监会副主席。王益这个人管得比较多，主要管交易和发行，整个市场的核心都在他手里。"一位证监会内部人士对时代周报记者透露说。

雷波被调查，金融圈内认为与"王益案"有着千丝万缕的关系。据悉，王益在担任证监会副主席、国开行副行长期间，利用职务之便，对不法企业主违规发放贷款、帮助企业发行股票等，收受巨额钱物，生活腐化。今年2月初，王益被开除党籍、开除公职，并移送司法机关依法处理。

在雷波之前，已有8名证监会官员被查——如原发行部发审委工作处副处长王小石、原上市部副处长钟志伟、原上市部副主任鲁晓龙以及曾为王益下属的原发行部副主任刘明等等。

而沸沸扬扬的太平洋证券违规上市事件中的两位关键人物——涂建、王超的身份，也都曾是证监会官员。本月初被调查的原银河证券总裁肖时庆，曾任证监会发行部副主任、会计部副主任等，亦属王益下级。

而从国金证券公开资料看，公司高管中有多人曾在证券主管部门任职—如目前代理董事长王晋勇，1998年3月至2001年8月期间曾在证监会任发行部副处长、处长。而副董事长冯立新之前也曾任深交所信息管理部副经理、市场监察副总监和上市部总监。

　　平安证券的一位投行老总告诉时代周报记者，2000年之前，证券发行实行额度制，每年额度固定，这些额度被分配到各省、各部委。少数IPO企业会留一部分股份拿来送礼，起码是几万股，这已是公开的秘密。

　　"雷波被查至少说明证监会对太平洋证券、国金证券等借壳曲线上市，及身后庞大的资本系调查一直没有结束，随着案件的审理，还将有落马的证券界官员浮出。"一直关注太平洋证券案的一位律师说。

（原文刊发于《时代周报》2009年5月25日第27期）

关国亮新华人寿未了局

文 /孙勇杰

"关国亮案一审以后，一直没有公布结果。"5月31日，原新华人寿保险有限公司董事长关国亮涉嫌挪用巨额资金案的代理律师许兰亭说，他也不知道一审结果会在什么时候公布。

从1998年入主新华人寿到2006年巨额资金挪用事发，关国亮一手缔造了一家全国第四的国际化专业寿险公司，同时也缔造了一个关姓"金融帝国"。

3年，从东窗事发到一审迟迟未见判决结果，关国亮挪用资金案，似乎陷入了无解的状态。

"关国亮留在新华人寿的烙印无处不在。"5月27日，一名新华保险前中层说。但是，他以及新华人寿现在的员工们都相信，曾经的大佬，再也不会回来了。

‖　时势造就关国亮

"意气风发、敢想敢干，富有创业激情、对员工很是关心。"

5月27日，曾在新华人寿担任中层的员工回忆多年前的关国亮，对这名"业界前辈"仍有敬佩之意。

关国亮，现年49岁，从东北财经大学毕业后，回到家乡哈尔滨，供职于黑龙江省财政厅，1992年"下海"加入民营企业东方集团实业有限公司，1998年，担任东方集团投资的新华人寿董事长。

1992年，打破铁饭碗、下海、倒爷，虽然已经成为流行词汇，但是省厅级公务员辞职从商鲜有案例。

当年，东方集团老总张宏伟如何跟关国亮协商促其下海，已成了两人之间的秘密，只是从后来看，关国亮的判断和选择，算得上是眼光独到。

下海两年后，东方集团成功上市，关国亮的资本运作能力在上市运作中得到充分展现，出任了上市公司总会计师，后出任了东方实业副总裁，主管财务。

经过数年经营，东方实业股份中，张宏伟占三成多是实际控股人，而下海给张宏伟打工的关国亮，拥有一成股份，角色已经演变为张的合作伙伴。

1998年，关国亮担任新华人寿董事长，两年前，关国亮就力主东方集团参股并成功操作保险公司，在此后8年里，逐渐成为关国亮的个人舞台。

"与其说，关国亮在企业管理、公司运营上有多出色，不如说其眼光独到，是个资本运作的高手。"5月24日，一名从业多年的保险业杂志资深编辑说。在这名曾经多次与关国亮谋面的编辑看来，新华人寿作为国内成立较早的保险公司，广阔的市场给了关国亮这样具有准确预判的业界先锋以施展机会。

"新华人寿，一开始就有民营资本，相比其他保险公司，机制灵活、产品更新快，更能迎合市场需要，这是其明显特点，也是其优势。"5月24日，中国人寿一名中层说。

正是这样的优势，让作为东方集团股东代表出任新华人寿董事长的关国亮如鱼得水，上任一年后，新华人寿的业务已经从北京迅速向外延伸。

关国亮治下的新华人寿3年时间完成了全国范围内的网络布局，2003年，新华人寿保费收入170多亿元，全国前四的地位就此确立。

"关国亮精明和能干，肯定是其中的原因，但时代背景和新华人寿自身的优势，显然放大了他在公司内外的光辉形象。"5月27日，新华人寿内部人士评价说。

比起企业管理，关国亮的资本运作能力，倒是在八年间频繁"闪光"。

‖ 关氏金融帝国

"新华人寿的问题最终是一个股权问题。"事发后，关国亮曾经这样为自己辩护。

新华人寿成立之初，两大主要股东是国有企业背景的"新产业系"和"东方系"。

关国亮入主新华人寿前后，新产业系逐步退出，新华人寿股权经历一系列变更，曾经拥有控股地位的新产业系的股权，最终被重庆民营企业隆鑫集团、海南格林岛投资有限公司等国内中小投资公司瓜分。据《财经》报道，这些国内中小投资公司的实际控制者是关国亮、张宏伟，其中以关国亮为主。

这些公司入股新华人寿的资金，涉嫌来自新华人寿内部。

2002年前后，新华人寿新的股份格局形成，以宝钢为首的国企资本拥有20%股份，外资拥有25%左右的股份，其余部分基本属于关国亮新建的"金融帝国"和东方系。

依靠自己一手搭建的"金融帝国"，关国亮成为新华人寿的真正控制者。

擅长资本运作的天赋和尚在完善的保险业监管体制，让一向"眼光独到"的关国亮找到了更广阔的运作空间。

根据保监会查证事实，关国亮动用新华人寿的资金进行更广泛的"投资"，而这些投资都超出保险业对外投资的范围。

2003年，关国亮以让员工惊叹的敬业精神夜以继日地工作。

"新华人寿，2003年已经进入了稳步增长阶段，从单纯业务上讲，决策者不会比全国扩张的时候更忙。"一位新华人寿的前中层说，关国亮在2003年、2004年的疯狂工作不合常理。

在关国亮案一审起诉书中，有关关国亮挪用新华人寿资金的指控，绝大多数都在这两年。

根据起诉书，关国亮涉嫌将新华人寿资金大规模用于违规投资、担保或拆借，其中仅物业投资就包括北京建外大街永安里的新华保险大厦、位于万寿路地铁东北角的西贸中心项目、北京饭店二期改造扩建工程北京宫项目以及延庆培训项目基地。

起诉书中，关国亮涉嫌职务侵占、挪用资金近3亿元。但据《财经》报道，2007年保监会初步调查的结果，关国亮挪用资金达130多亿，事发一年，仍有27亿多资金没有归还。

‖　末路角逐

"后期一言堂的作风，缺乏民主的管理，使快速发展的新华人寿在管理中存在了很多问题，如信息披露不公开、不及时，使许多股东不能及时了解公司的运营情况。"去年底，关国亮在庭审时自我反省。

2004年前后，关国亮在新华人寿的绝对控制权，让这名商界名人逐渐显露出封建家长特征，在高层会议上，关国亮半戏谑半认真地以"朕"自居。

同年，随着关氏"金融帝国"进入巅峰，关国亮也招致了集团内部的不满。

关国亮和知根知底的"东方系"产生的分歧，给关国亮的"金融帝国"亮出了第一盏红灯。

2004年，关国亮一手缔造的新华控股，是他试图脱离东方系，彻底自立门户的一大计划。据报道，新华控股的筹建方案，东方系大佬张宏伟在最后时刻才知晓内情。

此后，拥有绝对控制权的关国亮拆解新华人寿资金，通过深圳汇润不断注资深圳航空，成为深圳航空的重要控股人。

在内部传言中，东方系原本打算通过关国亮控制新华人寿，但随着关国亮逐步坐大，将东方系排除在外，张宏伟和关国亮之间的分歧也逐渐拉大。

"张宏伟从做建筑起家，到数十亿家产，东方集团上市是最为关键的步骤之一，其中关国亮起到至关重要的作用，共同利益使两人关系相当密切。"接近东方集团的人士说，也正是利益的冲突使两人最终分道扬镳。

2005年12月24日，平安夜，两个从哈尔滨走出来的商界强人签署了两份私人协议。协议主要内容为，关国亮必须为东方财务的所有投资承担法律责任；关国亮以其拥有很大控制权的深圳航空作为独立第三方，为其偿还张宏伟的大笔欠款作担保。

据报道，事发以后，关国亮曾动用新华人寿资金，偿还了张宏伟的欠款。坊间传言，跟东方系的决裂，尤其是跟大佬张宏伟的分歧，是最终关国亮挪动资金问题，进入司法程序的重要因素。

2006年春，被迫转让出部分股份以后，关氏集团控股数量上开始处于下风，紧接着，倒关的投资方阵营在谋求关国亮权力交接未果以后，向国务院、保监会投诉。

2006年9月，保监会突然开始对新华人寿进行"例行调查"，关国亮配合调查，权力移交他人。

"如果关国亮顺利交权，也不至于最终进入司法程序。"5月27日，新华人寿原中层说。

最后的末路角逐，关国亮将自己推到了毫无退路的境地。

‖ 最后的悬念

"从现在情况看，一审判决关国亮无罪的可能性已经很低了。"5月31日，曾在庭上为关国亮作无罪辩护的律师许兰亭，对迟迟不到的判决结果并不乐观。

然而，难产的一审结果似乎预示了关国亮一个人的角逐还没有结束。

2006年11月，已经失去权力的关国亮，依然参与了北亚集团被迫拍卖的新华人寿2%的股份。竞拍失败后，关国亮还曾向保监会申诉，认为是曾经的竞争对手宝钢从中作梗。

这次竞拍，给所有利益相关者一个信息，关国亮依然没有放弃掌控新华人寿的想法。

随后，深航还计划收购"东方系"所持新华人寿的全部股份，深航为此作出6.45亿元的长期投资预算，这一计划同样由关国亮主导。在保监会不造成新华人寿动荡的解决思路下，关国亮用了所有手段，试图把时间拖后，甚至是卷土重来。但是，倒关派的不断努力和不断加大的外部压力，将关国亮的施展空间压缩得越来越小。

2007年1月20日召开的全国金融工作会议上，国务院总理温家宝点名新华人寿。随后，保监会开始谋划其他保险公司收购新华人寿在内的多种方案。

2007年5月28日，保监会首次动用保险保障金，填补了关国亮在新华人寿挪用资金的窟窿。2008年11月，关国亮庭审前后，曾有报道称，保监会内部人士透露，新华人寿挪用资金已经基本填平。

然而，填平窟窿的资金，来源没有说明，关国亮案的最终处理也成了一个左右为难的问题。

今年3月，有确切消息称，保险保障基金持有的新华人寿38%股权，将由中央汇金投资有限责任公司接盘。

关国亮依托新华人寿建立的"金融帝国"，彻底消亡。

曾一度声称"我还要回来的"关国亮，在近三年的挣扎以后，重回他擅长的资本市场，已近绝望。剩下唯一的悬念就是，商业强人关国亮最终将如何收场。

（原文刊发于《时代周报》2009年6月8日第29期）

基金业魅影重重，证监会重拳擒"鼠"

文/陈无诤　王　珏

似乎在突然之间，基金业又是"鼠"影频现。

11月25日，范勇宏回到华夏基金，开完会又匆匆离去。就在10天前，这一中国最大基金公司总经理因喉部息肉手术关机，导致当天市场传言"范勇宏被双规"，11月12日沪指大跌162点。更早的11月初，又传出横跨公私募两界的双栖明星李旭利被查的消息。一位证监会内部人士对时代周报记者证实，对于这位原重阳首席投资官的调查正在进行，但取证与认定较为艰难。

山雨欲来风满楼，更多的传言接踵而至。先是国海富兰克林基金已离任基金经理黄林涉嫌"MSN谈论股票投资"，深陷立案调查传闻漩涡。后有媒体报道称监管层11月初亲临申万巴黎基金，并带走了投研部门的所有电脑进行检查。尽管两家公司后来都对时代周报回应称，"公司近期未受到任何监管部门的核查，各项工作都在正常进行之中。"但监管层铁腕擒"鼠"的强硬态度由此可见一斑。

"始于今年二季度的对基金经理违法违规行为的查处工作，目前已取得阶段性成果。"接近证监会基金监管部的知情人士告诉时代周报记者，近期很快就将进入行政处罚等阶段，下一步仍将延续严管严打的原则，尤其是对于从公募转投私募的金经理，查处的力度将会加大。

‖ "范氏恐慌"背后

范勇宏这位公募基金老大或许没有想到，竟然遭遇了从业12年以来最大的信任危机。

11月12日，沪指创出162点的今年以来最大单日跌幅。大跌与来自《证券市场周刊》一篇题为《基金总经理被查传言导致股市大跌》的报道直接相关。而从11月11日下午至11月17日收盘，在范勇宏传言弥漫市场的120个小时内，沪指从3100点以上，直探2800点，5个交易日暴跌300点。

华夏基金的反应并不算迅速。知情人士透露，华夏基金内部一开始将更多的精力放在追查传言来源上，他们更愿意相信"有人动机不纯"：谁是这一传言背后主谋？谁又能从该传言中获益？

直到11月17日，华夏基金才开始直面公众和媒体。该公司新闻发言人张后奇当日对时代周报记者澄清：针对华夏基金和范勇宏的谣言纯属恶意中伤，没有事实依据。尽管张声明"不清楚恶意造谣者的动机是什么"，但似乎又别有深意："10月份以来，市场强劲上涨后不排除有人故意编造、散布谣言，中伤他人，从中非法牟利。对此，广大投资者要特别提高警惕。"

11月19日，有媒体报道称，在此前一周大跌中，股指期货市场上获益最大的是中证期货。该报道引述中证期货内部人士称，中证期货的空单大量来自于其股东中信证券(600030.SH)的自营盘。由于中信证券同时也是华夏基金大股东，年初以来关于两者就华夏基金股权转让问题闹矛盾的传闻不绝于报端，引发市场更多猜想。多位中信证券高管此后公开表示，绝不存在中信证券故意放风以打压华夏基金和扰乱市场的问题。"我自己都是从网上知道这个消息的。"这些高管都称，中信证券在股指期货的操作规模上并没有外界传言那么大，不可能借此牟利。

与此同时，另一个版本开始悄然流传：范勇宏没有被"双规"，但是事情可能与华夏旧将孙建冬有关。为此，孙日前对媒体正式回应："没有这个问题！"有趣的是，证监会一位稽查官员则在媒体求证时惊讶反问："孙建冬是谁？"

证监会的一位内部人士告诉时代周报记者，在目前的传言中，证监会正在处理的案件，能够确认的只有李旭利的问题。"对于李旭利，最终的调查结果还没有出来，到底有没有事？存在什么问题？是否老鼠仓？目前没有任何可以对外公布的。"而关于范勇宏、孙建冬以及市场传言涉及的其他公司，他并不知情。

‖ 李旭利遭查疑云

"范氏恐慌"的余波未消，越来越多的公募和私募基金爆出"被调查"的传闻。其中目前唯一被官方承认"在调查"的就是李旭利。

10月25日，重阳投资宣布，该公司原首席投资官李旭利已经离职。重阳投资给出的原因是李旭利身体不太好需要休息。在李正式离职不到一星期，11月初，坊间便出现他被调查的言论。"对李旭利的调查目前尚无结论，但可能会扩大范围。"一位接近证监会基金监管部的知情人士对时代周报记者透露，李旭利被调查对那些在公募犯了事，然后想跳到私募的人会起到一定的震慑作用。

李旭利被调查的原因疑云重重。直系亲属违规买入股票是最早的传言。荣信股份（002123.SZ）是一家位于辽宁鞍山的中小板企业，2007年3月上市。荣信股份发行价为18.9元，开盘即跳至57元，最高曾冲至106.98元，股价目前已到47元左右，原始持股人的资本收益率接近4倍。而媒体称李旭利的妻子及其兄袁雪松，均系荣信股份的间接股东，对此重阳投资曾表示已经上报过相关部门。

时代周报记者调查获悉，袁雪梅系北京天成天信投资顾问有限公司（下称"北京天成"）股东之一，持股50%，而其兄袁雪松系深圳市天图创业投资有限公司股东之一（下称"深圳天图"），持股2.63%。两家公司均是荣信股份上市前一年间火线入股，又在上市后逐步减持套现。

近日，又有媒体报道称，李旭利执掌的重阳3期在买入中国南车 (601766.SH) 等股票之后，让原来老东家交银施罗德基金"抬轿子"。对此重阳投资在其官方网站上发布声明指出，公司投资行为是完全独立的，自成立以来从未参与任何所谓"利益输送"行为。

一位基金业内人士告诉时代周报记者，李旭利可能在交银施罗德工作期间涉嫌老鼠仓交易，如果上述消息属实，那么李旭利将成为继唐建、张野等之后，近年来第七起被查处的老鼠仓。

此外，亦有媒体报道称，一家银行系基金公司股东方在对该公司的一次内审中，查明一位已离职的基金经理在其任职期间，所有银行账户资金净流入超过该基金经理合理收入水平的数额高达上亿元。此后，股东方证实该"来源不明收入"确系老鼠仓黑钱。尽管文中没有提到名字，但市场猜测再次指向李旭利。

‖ 多家基金公司"涉案"

除了李旭利被查的消息在业内引起极大震动外，其他被卷入监管风暴的人和公司，还包括国海富兰克林原基金经理黄林以及申万巴黎基金等。

日前有媒体报道称，国海富兰克林原基金经理黄林涉嫌"老鼠仓"，该公司于第一时间作出澄清，否认公司旗下基金涉嫌老鼠仓。国海富兰克林给时代周报记者提供的《关于对于原国海富兰克林基金经理黄林媒体负面传闻的回应》称，原基金经理黄林已经离职，经公司调查，目前未发现其管理的基金存在老鼠仓等损害基金持有人利益的情况。

公开信息显示，今年7月9日，国海富兰克林发布公告称："黄林先生不再担任富兰克林国海中国收益证券投资基金的基金经理，富兰克林国海中国收益证券投资基金由现任基金经理刘怡敏女士管理。"而对于黄林离职的原因，公司方面表示为个人原因。

时代周报记者了解到，尽管离开国海富兰克林已超过3个月同业静默期，但黄林并没有进入其他公募基金工作。针对离职的个人原因，黄林也一直未公开回应。此次传言关系其重大的个人声誉问题，黄的表现似乎也很反常，没有公开发表任何声明。11月30日，时代周报记者反复拨打黄林在国海富兰克林工作时使用的手机号码，始终处于关机状态。

12月1日，时代周报记者在中国证券业协会网站看到，证券从业人员登记信息显示黄林仍处于离职状态，未进行执业机构的变更登记。公开资料显示，黄林是研究生学历，有近6年基金从业经历，先后就职于泰达宏利和国海富兰克林两家基金公司，2007年底开始担任富兰克林国海中国收益的基金经理。

此外，近日有媒体曾报道称，监管层11月初亲临申万巴黎基金，并带走了投研部门的所有电脑进行检查。对此11月25日申万巴黎发布声明否认近期被调查，称公司各项工作一切正常。一位上海基金行业的内部人士告诉时代周报记者："应该没有什么大问题，监管层最近查了很多家基金公司的MSN，这可能只是例行公事。"

证监会2009年4月施行新修订的《基金管理公司投资管理人员管理指导意见》以来，监控MSN聊天成为各家公司的铁律，但基金业并未禁用MSN。"过去查处的老鼠仓案例中，交易时间利用MSN聊天，是涉案基金经理与利益相关人沟通股票交易信息的主要方式之一。"接近监管层的人士表示。

‖ 证监会重拳出击

在"涉案"基金公司极力撇清干系的同时，中国监管部门正在大力整治证券业的内幕交易活动。

近日，国务院办公厅转发了证监会、公安部、监察部、国资委、预防腐败局五部门《关于依法打击和防控资本市场内幕交易的意见》。意见提出，要充分认识内幕交易的危害性，加强内幕信息管理，对涉嫌内幕交易的行为，及时立案稽查，从快作出行政处罚，保护投资者合法权益。由国务院发文，其力度之大历史罕见。

次日，证监会便率先公布了两起违规交易股票案件。一例为中国首例注册会计师在限制期内违规交易股票案；另一例为五家投资咨询机构夸大宣传及违规荐股案。在上海这个"反黑中心"，上海证监局近期连续组织了多次会议，召集在上海的多名基金公司总经理座谈，会议主题都是围绕如何防止内幕交易的出现。

"近期证监会、公安部等五部委组织的专项调查即将开始，上海证监局也将加大检查力度。"一位基金业内人士对时代周报记者表示，业界流传确实有北京的基金公司近期接受了现场检查。日前北京的基金公司间传言，北京证监局已向上海、深圳证监局请求帮助，对北京地区的基金公司进行交叉检查。

业内人士称，目前在中国的基金监管体系中，涉及违法的案件，由证监会稽查局负责。基金公司和从业人员的常规检查，则由证监会基金监管部和各地证监局负责。据悉，今年年底前，中国监管部门计划针对证券公司开展压力测试，以更好地管理风险。中国证券业协会已组织行业专家启动压力测试指引的起草工作。

值得关注的是，证监会频频出现人事变动。而于本月初，据媒体报道，证监会市场监管部统计分析处处长唐某在家中跳楼自尽。今年10月份，证监会基金部主任吴清调任上海市虹口区区长，继任者尚未公开。此前，证监会引进了美国大东方咨询公司担任总裁汤晓东，任证监会基金监管部副主任。而在今年6月起担任证监会基金监管部副主任的洪磊，曾因理性科学的基金投资理念无法融合当时"我是庄家我怕谁"的投资风气，并怒揭基金黑幕，被行业内人士称之为"叛逆者"。

业内人士称，洪磊的就任，标志着证监会官员的选拔开始从市场中产生。"既表明监管层对于规范市场的决心，同时也说明证券市场需要理性投资。目前的严打内幕交易可能也和洪有关。""我们近期没有任何专项行动计划，所有工作只是正常推进。"一位证监会基金监管部官员则表示，市场上关于证监会将掀起一场新的"捕鼠风暴"的说法有言过其实之嫌。关于京沪深三地证监局"交叉检查"的计划，"完全没有听说过"。

（原文刊发于《时代周报》2010年12月6日第107期）

证监市场整肃风暴

文 /陶喜年

在A股两次断崖式暴跌的大背景下，备受投资者期待的证券市场整肃，似乎有了实质性进展的苗头。

从治理违法配资，到处理违规减持、违规信披，再到惩戒内幕交易、操纵市场，近期，证券市场大批违法、违规行为，被曝光在公众面前。

高压整治市场行为之外，证监会对内部亦开始整肃。8月底，证监会发行部三处处长刘书帆因为内幕交易被查处。随后，证监会主席肖钢罕见集体约谈19家会管单位党委书记和纪委书记，证监会纪委书记王会民则带队赴各地密集调研。

A股，著名经济学家吴敬琏上半年称之为"赌场"，能否在今年快牛快熊的震荡洗礼中得到涅槃重生，成为各界关注的热点。

‖ 中信证券被查

在A股出现罕见暴跌，一路跌至3400点附近的关键时刻，7月9日一早，公安部副部长孟庆丰带队前往证监会，会同证监会排查恶意卖空股票与股指的线索。此后，"恶意做空"成为A股一大流行词。

中航系掌门人、中航工业董事长林左鸣就曾表示："这是一场有预谋、有准备的恶意做空，是来势汹汹的针对中国A股发起的一场经济战争。"

如果A股暴跌由恶意做空引发，究竟谁在恶意做空？公安部、证监会迄今一直未有明确说法。因为消息不对称，各种传言甚嚣尘上，境外势力、江浙游资相继躺枪，恒生电子所在地杭州，甚至被称作"做空的大本营"。

7月中旬，恒生电子实际控制人、当时正在欧洲旅行的马云也被惊动，专门发了条微博予以回应，调侃"事不关己，高高挂起，事不关己，有人挂你"。

直到8月25日晚间，新华社突然发布一条简讯，令市场石破天惊。

消息称：中信证券徐某等8人涉嫌违法从事证券交易活动，《财经》杂志社王某伙同他人涉嫌编造并制造传播证券、期货交易虚假信息，中国证监会工作人员刘某及离职人员欧阳某涉嫌内幕交易、伪造公文印章，已被公安机关要求协助调查。

消息发布后，其中牵涉人士身份被媒体一一证实。中信证券内部最高经营管理机构执行委员会3位委员在接受调查之列。此前一直充当救市先锋的中信证券，由此一下被推上风口浪尖。

在知名市场人士、米牛网联合创始人吴小平看来，中国资本市场里上百家证券公司在混战，但头牌只有两家中字头，中信、中金。中信证券高管集体被查对资本市场的震动可想而知。

8月30日晚间，风口浪尖上的中信证券发布公告，首次正式回应这一事件：2015年8月25日，公司有几名高级管理人员和员工被公安机关要求协助调查有关问题，调查工作尚在进行之中，公司予以积极配合。

就在中信证券发布公告当晚，新华社发布消息：中信证券股份有限公司执行委员会委员、董事总经理徐刚，执行委员会委员、金融市场管理委会员主任刘威，金融业务部负责人房庆利，另类投资业务部总监陈荣杰等4名高管因涉嫌内幕交易，于8月30日被依法采取刑事强制措施，4名涉案高管也交代了相关犯罪事实。至于此前被带走的中信证券执行委员会委员葛小波等另外4人的情况，新华社并未提及。

在当晚的公告中，中信证券称，公司正在积极采取措施，认真查找各项业务尤其是创新业务中存在的问题，深刻反思，严肃整改。

从中信证券的措辞上看，此次"协助调查"似乎只是相关创新业务的问题。而据新华社的最新报道，目前徐刚等人从协助调查升级为采取刑事强制措辞，涉嫌的罪名是"内幕交易"，似乎只是个人问题，矛头并未指向中信证券本身。

但业内人士显然不这么看。8月29日，证监会召集50家证券公司董事长和总裁开会。根据网传的会议纪要，证监会不点名提及"有部分公司还做了与稳定相背的事情，我们正在查处和调查"。

多位不愿公开身份人士均对时代周报记者认为，中信证券就属于"部分公司"。鉴于中信证券在中国资本市场的特殊地位，有分析认为这是行业洗牌的先兆。

8月30日晚，中信证券董事长王东明、总经理程博明写下"致全体员工的信"，表示公司面临重大考验，希望员工齐心协力，共渡难关。

‖ 22起案件火线移交

就在中信证券相关高管接受调查的消息公布不久，8月28日，证监会对外发布：近期，证监会向公安部集中移送了22起涉嫌操纵市场、内幕交易、利用未公开信息交易及编造、传播虚假信息、非法经营犯罪的案件。

时代周报记者注意到，22起案件中，并没有涉嫌通过做空获利的案件。

其中有两起涉案金额特别巨大：某上市公司股东张某与某职业操盘手孔某勾结，操控某上市公司信息发布，拉抬股价，在高位减持公司股票后，非法获利数十亿元。"获利数十亿元"或已刷新证监会查处案件的最高金额。

有业内人士向时代周报记者透露，该上市公司即为主板知名公司大智慧。记者发现，大智慧公司并未就此发布相关公告。时代周报记者以投资者身份致电大智慧董秘办询问此事，对方既不承认，也不否认。8月31日，大智慧董秘办人士对时代周报记者表示，公司目前一切正常，董事长张长虹目前仍在正常上班。

4月30日晚间，大智慧曾公告，因公司信息披露涉嫌违规，被证监会立案调查。当时正处牛市，受此利空影响，大智慧股价暴跌。

大智慧随后召开骨干会议。当时正值大智慧与湘财证券的重组工作完成过会、等待最后批文之际，张长虹在内部表示，"坦率地讲，我本人得到消息的第一时间也很意外""无论调查结果如何，公司品牌都会受到相当影响"。

时代周报记者注意到，8月底在接待机构调研时，与大智慧关系密切的新湖中宝人士表示："基本查完了，调查机构已经回去了，只有一些小问题，没有大问题。"

目前，尚无证据证明大智慧信息披露违规是否与此次操纵市场股价案直接相关。

除"某上市公司股东张某"之外，另一起数额巨大的案件，为某贸易公司监事洪某利用对倒、大额虚假申报等手段操纵、影响多只股票价格和交易量，涉案金额达百亿元。奇怪的是，案情通报并未提及洪某的获利金额。

在公安部介入"恶意做空"调查后，"贸易公司"一度成为众矢之的。世界三大对冲基金之一的CITADEL在中国设立的司度（上海）贸易有限公司，就因为涉嫌做空被交易所指名通报，其期货账户被深交所限制交易。值得注意的是，中信证券曾是司度公司的间接股东，于去年退出，但此次中信证券被查，两者又被重新联系在了一起。

今年7月，《华夏时报》曾报道，上海公安部门一位不愿透露姓名的人士表示："我们确实正调查在上海的贸易公司恶意做空A股的犯罪线索，也已经确定了对象，但是我不能告诉你具体是哪家公司，他们做空证券和期货市场的手段和资金来源，我也不能告诉你。"

究竟哪些贸易公司参与了做空交易，上述案件中某贸易公司监事洪某操纵股价是否涉及做空，目前都未可知。

22起案件中，不少涉及证券从业人员，如某证券公司保荐代表人、某证券公司齐某、某基金公司田某、某基金公司王某等。其中某基金公司田某涉嫌泄露未公开信息，由信息受让人进行趋同交易，趋同交易金额近亿元，盈利超过千万元，是其中获利金额最大的一起。

‖ 证监会内部自查

如果说中信证券部分高管接受调查，显示出此轮证券整肃风暴烈度，那么，证监会在职人员的落马，或许更体现了证监会向自己开刀的决心和魄力。

8月25日，证监会发行部三处处长刘书帆接受调查。据新华社报道，刘书帆在接受调查时供述，2014年下半年，他利用职务便利，帮助某上市公司定向增发事项顺利通过证监部门发审会，并帮助该公司股票价格维持稳定并增长。为此，该上市公司负责人吴某向其行贿数百万元。

刘书帆利用该公司定向增发的消息，向朋友李某借款1000万元人民币，通过亲友的股票账户购买该公司股票，总共获利300余万元，刘书帆分得其中100余万元。随后，刘书帆还多次向吴某打听得知更多内幕消息，持续买入股票，非法获利数百万元。

2014年底，他看到另一上市公司股票价格在配股后巨幅下跌，经向该公司一高管打探该公司股票具有上涨空间后，买入该公司股票，非法获利200余万元。

刘书帆不是证监会落马的第一个官员，但在股市暴跌、证监会成为各方关注焦点之时落马，其意义非比寻常。

刘书帆被带走后，中国证监会专门在京召开会管单位纪检监察工作座谈会，传达近期中央政治局常委、中纪委书记王岐山在中央纪委相关会议上的讲话精神。证监会主席肖钢集体约谈各证券期货交易所、各下属公司、各协会等19家会管单位党委书记和纪委书记。随后，证监会官网以《传导压力全覆盖，从严管理无盲区》为题报道了这次约谈的详细情况。

肖钢在约谈时称，随着证监会简政放权力度进一步加大，过去围绕证监会机关的"公关围猎"有可能转向会管单位。没有刚性的纪律，没有过硬的作风，就不能完成复杂环境下的各项工作任务。

证监会纪委书记王会民主持会议，并要求19家会管单位会后在本单位持续传导压力，认真做好本单位约谈工作，发现违纪情况及时向证监会纪委报告。

会上，上交所、深交所、上期所、郑商所、大商所、中金所、中国结算、股转公司等证监会会管单位党委书记分别做表态发言。

在此前后，证监会纪委书记王会民带队先后赴福州、厦门、西安、长春、成都等多地调研。在调研中，王会民指出，各证监局党委和纪委要定期不定期开展专项核查，对于发现的顶风违纪行为、特别是"利用职务便利从事股票交易行为"，要坚决处理，同时追究相应法律责任。

在证监会，王会民的身份一直为外界关注。2014年1月，原任新疆人大常委会副主任的王会民调任中国证监会党委委员、纪委书记。

1984—2002年，王会民在建设银行新疆分行连续任职18年，位至建设银行新疆分行党委书记、行长。

‖ 风暴中的证监会

相关信息显示，证监会内部亦对相关措施进行了检讨，认为在面对杠杆融资、期货现货对冲和程序化交易等新情况、新特点时，"机制准备不足、不完善"。

在有识者看来，以散户为主体的A股投资者，一旦面临股市大跌就将矛头对准证监会，有其可以理解的因素，但难免失之偏颇。

一位浸淫证券市场十多年的人士告诉时代周报记者，证监会似乎权力无边，但实际上又权力有限。

在他眼中，虽然在2007年潮退之后，A股的大牛市已经远离了8年，但并不影响大批企业家通过IPO或并购重组成为身家数十亿、上百亿的超级富豪。特别是2009年创业板推出后，A股被称为全球最大的"造富机器"，而中国证监会正是控制"造富机器"开关的核心部门。

他认为，证监会既担负监管职能，又是证券发行的审核机构，作为国内近3000家上市公司的监管单位，证监会工作人员如果不拒绝在证券市场牟利，机会之多，为证券业内人士周知。此次公开的刘书帆涉案情况，就是一个例证。

"但证监会的权力又是相对的。A股是一个巨大的利益场，面对银行、保险、石化、电力等行业央企及大批能量通天的神秘PE，证监会能否真正实现监管，则不得不打个问号。"这位人士说道。

按照他的说法，证监会有该挨骂的地方，有值得肯定之处。在众多部委里面，证监会其实是透明度比较高的，每周一次的例行发布会，在部委里几乎绝无仅有。

4月28日，在上证综指突破4500点之际，证监会曾作出风险提示，提醒广大投资者特别是新入市的中小投资者，要做足功课、理性投资，尊重市场、敬畏市场，牢记股市有风险，量力而行。

证监会当时表示：投资者踊跃入市，说明大家对中国证券市场充满信心，希望通过投资股市分享改革创新和经济增长的成果，但不少新投资者只看到炒股赚钱的可能，忽视了炒股赔钱的风险，对股市涨跌缺乏经验和感受，对股市风险缺少足够的认识和警惕。

证监会投保局也再次发布11条投资者风险警示词条，提示投资者理性看待牛市，稳健价值投资。

当时正值牛市的癫狂状态，鲜有股民真正将这些警示放在眼里。而在6月以来的持续大跌中，这些警示被一一应验。

今年7月6月，在A股出现第一轮暴跌之际，按照证监会的部署，21家证券公司按净资产15%，一次将1280亿元资金划拨证金公司账户。从7月8日开始，证金公司开始密集买入大量公司股票，带动市场热情回暖，一举扭转了A股一路暴跌的走势。

最新的消息是，8月29日，证监会主席肖钢召集50家证券公司董事长和总裁开会，要求50家证券公司按一定净资产百分比继续上交资金给证金公司。从21家到50家，这次显然比第一波救市加大了力度。

不过，消息传出后，市场并不买单。8月31日周一开盘后，A股在经历两天的反弹后，再度掉头下跌。

面对各种质疑，加上刚刚暴露的内部腐败，证监会无疑压力重重。此番整肃，究竟是应对股市暴跌的治标之举，还是治本之策，仍有待观察。

（原文刊发于《时代周报》2015年9月1日第351期）

多面徐翔：A股的兴奋剂选手

文 /袁方晨

在中国资本市场发展的漫漫长河中，也许再也不会出现如徐翔般极具传奇色彩的人物。

在"私募一哥"徐翔的故事被反复提及之时，关于其案件的消息却被隔绝得严严实实，似乎无人能找到获取最新进展的渠道。8月，东方金钰与监管部门之间的信函往来，让关注徐翔一案的投资者兴奋了起来。

从东方金钰近日披露的信息，徐翔的运作手法逐渐浮出水面。瑞丽金泽作为东方金钰第二大股东，其49％的股份为徐翔出资，徐翔借这一"暗仓"秘密参与了东方金钰的非公开定增，成功变身为这家公司的隐形股东。

而在此之前，外界所知的东方金钰与徐翔之间的关系，仅仅是东方金钰曾是徐翔旗下私募泽熙投资的重仓股之一，和其他重仓股一样，徐翔充分展现了其出色的投资能力，获利不菲。

徐翔，到底还有多少不为人知的另一面？

"徐翔类似于资本市场的卡尔·刘易斯。卡尔·刘易斯曾代表美国队获得九枚奥运金牌，可谓奥运田径赛场上的独孤求败，然而，他却被检测出服用多种违禁药物。"谈及徐翔的复杂口碑，上海某中型基金公司资深员工对时代周报记者指出，徐翔的争议来自于其收益的来源。

‖ 投资手法高超还是出老千

围绕徐翔真实投资能力的争议一直没有停止过。从业绩来看，泽熙在中国资产管理行业可谓独树一帜。泽熙旗下的几只产品，长期来看远远战胜指数，最差的一个成立以来回报7.22倍，最好的一个成立以来回报42.2倍。同时回撤小，即使在市场大幅下跌时，业绩也总能保持平稳。

泽熙投资的业绩，究竟来源于徐翔高超的投资手法，还是因为"出老千看底牌"，以投资之名行内幕交易市场操纵之实，根据徐翔案目前披露的信息，尚未有足够的支持。

同业对于泽熙的评价，则是毁誉参半。"虽然我的业绩和规模在同业算是不错的，但你看看泽熙，那业绩才真是厉害。"上海某知名阳光私募董事长在跟时代周报记者聊起圈内同行的投资水平时，唯独对泽熙挑起了大拇指。

南京某明星阳光私募曾经因年度业绩出色而红极一时，其董事长某次来上海领奖时特意赴泽熙调研。他告诉时代周报记者，在深入了解泽熙的投研考核制度后，对其管理之严厉印象深刻。

徐翔曾经说过："股市里只有不断进化，才能不被淘汰。"这句话里浸润着满满的危机感。

原泽熙总经理助理叶展曾经撰文指出，"徐翔可以算是股市里的苦行僧"。根据叶展的描述，徐翔的一天是这样度过的：每天一早开始晨会，每位研究员汇报市场信息和公司情况，开盘后进入交易室，交易时间绝不离开盘面，中午一般与卖方研究员共进午餐，下午继续交易，收盘后又是一到两场路演，晚上复盘和研究股票。每天研究股市超过12小时，几乎没有娱乐和其他爱好，这种习惯已经持续了20多年。

泽熙投资的交易指令完全由徐翔下达，其他人则通过模拟盘交易，换言之，徐翔某种意义上等同于泽熙，即便是泽熙核心员工，对徐翔的投资决策过程亦是雾里看花。泽熙研究员并不知道徐翔是否听从了他们的投资建议，直到年底看到自己的绩效评估。

"整个市场都在盯着我们的动作，然而他还是能持续找到交易机会并获利。"另外一位泽熙资深员工则对徐翔神奇的盘感感慨不已。

"说我交易能力强？什么样算交易能力强。投资没有那么简单，只靠交易就能赚钱？交易只是投资中很小的一部分，除此之外还要做很多工作。"不过，徐翔本人曾在采访中对于自己收益主要来自于强大交易能力的说法嗤之以鼻。

然而，泽熙成立以来始终伴随着质疑的声音，有观点认为其高收益神话离不开与上市公司的深度勾兑，"徐翔和上市公司联袂造股价，早就不是秘密，参与定增，董秘甚至董事长帮忙消息造势"。

而东方金钰近日披露的信息，让徐翔的运作手法逐渐浮出水面。

8月5日，东方金钰收到上海证券交易所《关于对东方金钰股份有限公司股权司法冻结事项的问询函》，称根据青岛市公安局送达的《协助冻结财产通知书》，中登公司上海分公司冻结了犯罪嫌疑人徐翔旗下的财产——瑞丽金泽持有的东方金钰2.93亿股限售流通股及孳息，要求东方金钰说明瑞丽金泽有关股东与徐翔之间是否存在股份代持情形。

8月8日，东方金钰公告回函，指瑞丽金泽成立于2014年5月13日，赵兴龙和朱向英分别持有其51%、49%的股权。瑞丽金泽系依法成立，与徐翔不存在股份代持安排，也不存在其他产权、协议或其他控制关系及利益安排。但是，朱向英女士自述"本人在瑞丽金泽投资管理有限公司所持有的股份，系徐翔出资，本人仅为徐翔代持"。

当日，上海证券交易所再次发函，要求东方金钰8月11日之前对此前"赵兴龙持有的瑞丽金泽51%股权与徐翔不存在股份代持安排"的表述进行进一步核实并披露。

8月11日，东方金钰发布公告称，目前瑞丽金泽及其股东正在自查资金来源，相关机构尚未提供完整资料，公司无法在 2016年8月11日完成问询函的回复，公司将在 2016年8月19日前向上交所提交回复。

事件起源于2014年二季度，当时华润深国投信托有限公司——泽熙4期集合资金信托计划买入东方金钰188.05万股，占总股本0.53%。几乎同时，瑞丽金泽于云南省德宏州瑞丽市注册成立。在成立仅十天后，东方金钰拿出了15亿元的定增预案。以15.27元/股的价格向瑞丽金泽定向增发9771.83万股，锁定期36个月，换言之，徐翔以7.35亿元间接坐上了东方金钰的二股东之位。

而后第三季度，泽熙又进一步加注东方金钰。华润深国投信托有限公司——泽熙1期单一资金信托杀入，两只产品合计持有1071.05万股，占比达3.04%。截至2015年三季度泽熙清仓逃顶，五个季度的持仓，200%的股价涨幅让徐翔赚得盆满钵满。

一方面是明修栈道，大张旗鼓加仓；另一方面是暗度陈仓，用"马甲"参与非公开定增。"私募一哥"的神奇光环后面，不知隐藏了多少不为人知的勾兑套路。

||　高调低调切换自如

2009年12月7日，泽熙投资成立。泽熙之名来源于徐翔最崇拜的两位历史人物——创立新中国的毛泽东和统领清朝盛世的康熙大帝。

有趣的是，泽熙投资的股权，最早由徐翔父母持有。据上海市工商局资料显示，泽熙投资股东注册资本5000万元。其中，郑素贞、徐柏良两人的出资时间为2009年12月4日，出资额分别为2760万元和240万元；徐翔的出资时间为2013年10月24日，出资2000万元。

泽熙投资成立以后，因其独特的投资手法以及出色的业绩而成为媒体关注的焦点。实际上，徐翔的成名远远在泽熙投资之前。

《中国证券报》2003年2月15日头版的一篇报道，将徐翔带入了公众视野。此文披露银河证券宁波解放南路营业部存在"涨停板敢死队"，该涨停板敢死队的1号人物即为徐翔（彼时名字为徐强）。

经过媒体的广泛报道，宁波敢死队声名鹊起，甚至出现了"炒股不跟解放南，便是神仙也枉然"的说法。但文章见报后，当时的中国证监会宁波特派办马上组织专人对营业部是否涉嫌违规进行专项调查。

据说徐翔本人亦十分厌恶"涨停板敢死队"的称号，甚至认为这是对其的侮辱和误解。

跟敢死队其他成员喜欢购买炫目的新跑车摆在交易营业部前的暴发户做派不一样，徐翔却从香港买来大量的投资书籍潜心研读。

即便在成立泽熙投资后，徐翔也不出席任何公开的论坛、会议，很少去上市公司调研，亦极少与媒体见面。而据徐翔本人回应，"这只是我个人的性格而已，我不是很擅长在公众场合发言，所以尽量避免出席这样的场合。但是在熟识的朋友之间，我还是很开朗的"。

"因为市场上对我们的席位跟踪紧密，我们必须避免激进地大买和大卖，希望投资节奏不被打乱。"徐翔曾经在采访中提到，市场的关注有时候也会对投资行为构成干扰。

2013年1月底，徐翔与安信首席分析师程定华谈话，席间谈话内容被李姓销售偷偷录音并泄露给其他券商和媒体。录音流出之后，徐翔停止了安信证券的数亿分仓。

不过，在2015年股灾后徐翔的言行，在资产管理行业中可谓特立独行，业内人士普遍认为其"不讲政治"。

2015年6月30日，王亚伟、莫泰山、但斌、江晖等13位私募大佬在中国基金业协会私募证券投资基金专业委员会牵头之下，联合发布倡议书，全面唱多抄底行情。而据知情人士透露，徐翔明确拒绝了中基协的邀请。"只有徐翔不愿参与。宁波本地的证券业协会也找过他，请他参与救市，也被他拒绝了。"

徐翔的做派还体现在泽熙经常成为上市公司前十大流通股东常客，而这些所谓"徐翔概念股"总能在A股掀起投机狂潮。统计显示，泽熙近五年多来一共现身了190只个股的前十大流通股东。其中沪深主板一共有108只，中小板和创业板个股有82只；不过，以中小板和创业板个股为代表的小盘股数量占比呈上升趋势。

同时，泽熙也开始在上市公司控制权和治理上有所行动，积极派员工进入宁波中百、康强电子、大恒科技等上市公司任职。此外，泽熙还曾经对黔源电力和宁波联合提出高送转分配提案。根据《公司法》规定，单独或者合计持有公司3%以上股份的股东，可以在股东大会召开10日前提出临时提案并书面提交召集人。

最终，两家公司股东大会均否决了泽熙的临时提案。但在此消息刺激下，两家公司的股价均出现了短暂拉升。

有人曾这样评价泽熙："它的高明之处是在高调与低调之间自如切换。低调时闷声发大财，高调时锋芒毕露。"

|| 草根出身掌控巨额资金

"我从20世纪90年代中期开始入市炒股，当时只是一个高中生，家境非常普通，入市时只有几万元启动资金。但是后来伴随中国经济的腾飞以及资本市场的不断发展，到现在取得了一些成绩。"徐翔曾经这样描述自己的发家史。

1978 年，徐翔出生在宁波一个普通家庭，1993年带着家里给的几万元入市。18岁放弃高考，专心投资股市。2005年，徐翔从宁波迁到上海，经历了2007—2008年A股的一波大牛市。

徐翔的草根背景，与其被抓捕时引发的轰动造成了巨大反差。

2015年11月1日，徐翔回老家宁波参加他奶奶的百岁寿宴。尽管徐翔在资本市场成名多年，家底雄厚，但宁波的寿宴却颇为低调。他的奶奶依然住在徐翔长大的那个中产阶级小区。

当日上午，微博上有个看似轻描淡写的消息，"由于突发流量控制，G15高速公路杭州湾跨海大桥所有出入口已关闭"。实际上，徐翔已在此时被警方在杭州湾跨海大桥上控制，从沈海高速公路杭州湾高速庵东出口附近带走。当晚23时50分，新华社发布此消息。

徐翔被抓捕之后，其身着白色阿玛尼的照片引爆了社交媒体。而事后的一系列事件表明，徐翔案或许远远比普通的内幕交易案敏感。

4月29日，新华社发布消息称，泽熙投资管理有限公司法定代表人、总经理徐翔等人涉嫌操纵证券市场、内幕交易犯罪，于近日被依法批准逮捕。

鉴于青岛市公安局请中登上海分公司协助轮候冻结"徐翔系"公司持有的上市公司股份，表明徐翔一案在青岛审理的可能性比较大。从冻结股份的数额来看，价值较大，此案可能会交由青岛市中级人民法院审理。

司法界人士认为，该案件审理可能采取的是异地调查，很可能为的是"有效排除、预防审判干扰"。

泽熙成立以后，旗下产品每年均盘踞在阳光私募收益排行榜的前列。泽熙产品的高收益让人艳羡不已，却与普通投资者无缘。

泽熙投资官网显示，该公司自2009年成立以来，仅在2010年3—7月集中成立过5只产品，之后一直未发行过投资二级市场的产品。

据了解，泽熙的产品并未公开发售。早在2012年，有媒体记者向泽熙内部人士询问申购事宜，被告知早已不接受外部资金。

有知情人士称，"跟其他公司到处找销售渠道、找投资人卖产品不一样，泽熙投资都是别人打电话问他们买产品，但泽熙不卖产品，徐翔没精力管别人的钱"。

而消息人士指出，泽熙的资金多来自于徐翔自己以及利益相关者。除徐翔自有资金外，大致可分为三类：一是泽熙员工，以限额的泽熙产品购买权作为激励。泽熙员工的购买权按照徐翔对员工的贡献评价和价值评估，设定限额，每份100万元，员工购买权可以让渡给亲友。据说，早年有贡献大的员工曾经获得3份产品购买权；二是当年泽熙产品代销机构高管，徐翔把泽熙产品购买权作为回报；三是其他利益往来机构。

"很多人买了之后都不想退，我们必须尽快分红，让投资者退出。"徐翔在接受媒体采访时，曾经骄傲地宣称。

（原文刊发于《时代周报》2016年8月16日第401期）

赖小民落马，中国华融爆金融大案

文 / 吴　平

4月17日晚，中央纪委国家监察委网站发布消息：中国华融资产管理股份有限公司党委书记、董事长赖小民个人涉嫌严重违纪违法，接受纪律审查和监察调查。这是中央纪委与国家监察委合署办公后，办理的第一个金融大案，新一轮的金融反腐拉开帷幕。

翌日，中国华融在港股停牌。中国华融为中国资产规模最大的资产管理公司，截至2017年底，其资产总计为1.86万亿元。

据时代周报记者了解，多家国资委旗下的央企金控集团，下发了内部自查文件，要求确认公司涉及华融的业务，尤其是与华融系上市公司中国华融（2799.HK）、华融金控（0993.HK）、华融投资股份（2277.HK）、太平洋实业（0767.HK）相关的金融商品。

4月19日晚，中国华融发布公告，赖小民已经于4月17日向董事会递交了辞呈，并于当日生效，董事会提名王占峰担任公司执行董事、董事长，李欣担任公司执行董事、总裁。

4月20日，中国华融复盘，股价当日大跌11.95%，华融金控、华融投资股份、太平洋实业同样大跌。

‖ 赖小民其人

"赖小民是个极其自信的人，口才极好，在他带领下，华融总资产增长了50多倍。"华融一内部人士对时代周报记者说道。

赖小民的简历并不复杂，职业生涯的上半段，是在监管机构任职。1983年，他在中国人民银行参加工作，从处长做到局长，再到厅局级，历任央行资金处处长，银监会北京局局长、银监会办公厅主任等；职业生涯的后半段，变成金融机构高管，2009年开始担任中国华融总裁。

"虽然是公务员出身，但不能说赖小民不是个厉害的企业家。" 上述华融内部人士对时代周报记者说道。

2009年赖小民接手中国华融时，大部分分公司正陷于亏损之中，企业利润微薄，入不敷出，实际上是亏损状态。

赖小民提出要完成5.3亿元利润的年度指标，并给公司高层分别下达了任务指标，但公司内部士气依然不高。赖小民随后引进了原平安银行的周伙荣，担任广东分公司负责人，当年广东分公司扭亏为盈，实现收入5600多万元，第二年实现净利润超过1亿元。2010年，中国华融30多家分公司全部扭亏为盈，实现拨备前利润8.94亿元。

2011年，国务院会议决定，对中国华融资产公司进行股份制改造，转型为企业法人主体，自负盈亏、自主经营参与市场竞争，并制定了引进战略投资者的计划和上市时间表。

在那之前，创立于1999年的华融资产管理公司，是为了处理工商银行不良资产而专门成立的公司，设计寿命10年，2009年前后，华融资产管理公司的历史使命已经接近完成，理论上即将解散，人员"从哪来回哪里去"。但是，赖小民接手华融3年，迅速实现扭亏为盈，华融发展也驶上快车道。

2012年，经国务院批准，中国华融资产管理股份有限公司正式挂牌成立，标志着中国华融由政策性金融机构转变为市场化的金融机构。中国华融官方称之为"迈入第二次创业新征程"。

2012年之后，赖小民很大精力都投入到了引入战略投资者方面。据媒体报道，赖每年都要飞行30多万公里，走遍30多个省市区。候选的战略投资者名录，从86家筛选到50家，再筛选到30多家，到11家，最终，国务院批准了7家，包括美国华平集团、中信证券国际、马来西亚国库公司、中金公司、中粮集团、复兴国际、高盛集团。

2015年10月30日，中国华融在香港联交所主板上市，融资196.97亿港元，成为当年下半年在港股上市的最大IPO。

在赖小民治理下，华融不断外延扩张。2010年10月，其重组的华融湘江银行在长沙挂牌开业，拿到了银行的牌照，此后又陆续拿到了PE牌照、期货牌照。2018年3月，证监会批准华融基金管理有限公司，华融拿到了公募基金牌照。

‖ 涉嫌严重违纪违法

对于赖小民被调查，中央纪委国家监察委的定性是："个人涉嫌严重违纪违法"。

此前，中央纪委国家监察委1月23日针对国家能源局前副局长王晓林，定性为"涉嫌严重违纪"，并没有作"违法"定性。而2016年1月26日，中央纪委监察部对国家统计局原局长王保安的定性是，"涉嫌严重违纪"，同样没有"违法"。

王保安与赖小民关系紧密。

王保安1998年开始担任财政部办公厅副主任，2009年12月开始担任财政部部长助理、党组成员，2012年2月开始担任财政部副部长，2015年4月，升任国家统计局一把手，担任党组书记、局长。

在华融改制之前，财政部负责制定华融资产处置、税收、财务管理等制度办法，实际上是华融的主要管理单位，在华融改制之后，财政部又是华融的控股股东，持股比例为63.36%。

中央纪委监察部定性王保安"涉嫌严重违纪"的半年之后，中共中央批准开除其党籍，经查，王保安"毫无政治信仰、长期搞迷信活动，严重违反政治纪律和政治规矩，在重大问题上发表违背中央精神的言论，对抗组织审查"。

2017年5月，河北省张家口中级法院宣判，以受贿罪对王保安判处无期徒刑，他非法收受他人财物，金额共计折合人民币1.53亿元。

根据王保安的刑事判决书披露，在华融向全球招募引进战略投资者的阶段，王保安曾引荐某投资人，与赖小民见面，寻求单独参与对华融的战略投资，也就是希望从赖小民处拿额度，证言中说，赖小民因为投资人的资质和品牌的原因，没有答应。

"在投资市场中，利用权力、关系或消息，帮别人拿额度是极其赚钱的生意，早些年某些项目上，中间人能获得投资额度10%的提成。"华融内部人士对时代周报记者说道。

另据媒体报道，赖小民出事，是因为与某些同样是江西财大毕业的民营企业董事长存在利益关系，通过金融手段，将资金输送给相关公司。

"华融之前风格激进，包括乐视网、神雾环保、保千里，都以股权质押的办法，从公司拿到了巨额资金。现在风险都要暴露出来了。"上述内部人士对时代周报记者说道。

‖　新的掌舵人到位

"现在业务不好做了，本来就是金融监管愈发严厉，许多套路都玩不了了，现在又出事，资金来源会收紧。"上述华融内部人士对时代周报记者说道。

根据中国华融2017年年报，其业务主要分为不良资产经营、金融服务、资产管理和投资三大板块，其中不良资产经营是整个公司的根基。

2017年，华融不良资产经营业务实现收入为689亿元，实现税前利润为203亿元，资产总计9350亿元，这块业务主要是逆周期经营，在经济下行周期，大量收购吸收不良资产包，等到经济周期恢复上行，再卖出获利。2017年，在宏观经济恢复的形势下，虽然华融2017年新增项目数量低于2016年，但华融在这部分的收入增速高达35.9%。

资产管理和投资业务，华融2017年实现收入325亿元，增长了50%，但是受资管新规和监管趋严的影响，面临不小的压力。

金融服务方面，华融也面临快速扩张后的清算压力。这部分业务在2017年实现收入309亿元，包括华融证券、期货、华融湘江银行等子公司的汇总收入，其中，银行实现收入140亿元，是贡献最大的板块，证券和期货则贡献了88亿元的收入。赖小民被查后，中国华融迎来了新的掌舵人。

4月19日晚，中国华融发布公告，董事会提名王占峰担任公司执行董事、董事长，李欣担任公司执行董事、总裁。

51岁的王占峰是吉林榆树人，博士研究生，此前担任广东银监局党委书记、局长。2011年11月至2014年5月曾任山西银监局党委书记、局长；2014年5月起任广东银监局党委书记、局长。

被任命为中国华融总裁的李欣此前担任中国东方资产管理公司党委副书记、监事长，曾在中国银行工作多年。资料显示，李欣在东方资管主要负责保险业务，兼任中华联合保险集团股份有限公司党委书记。

从去年8月原中国华融总裁柯卡生辞职至今，中国华融总裁一职已空缺半年多，中国华融副总裁王利华代行总裁职责。在4月12日银保监会的专场新闻发布会上，王利华代表中国华融，重点介绍了中国华融2017年度经营业绩。

（原文刊发于《时代周报》2018年4月24日第489期）

第四章

大鳄沉浮

　　十年来，中国的资本圈是一个系族辈出的时代。除了早期的涌金系、国美系，近年来活跃的资本系族还有新湖系、万向系、中植系、复星系、生命系、宝能系、国华人寿系等等，真可谓"你方唱罢我登场"。它们主要围绕产业和资本的关系展开造系运动，资本运作成为主业，产业只是为资本运作服务的工具。

　　这些资本大鳄拥有常人难以想象的巨大体量，控股多个上市公司，参股公司或金融机构甚至多达数十家。安邦举牌万科等一系列举牌事件，直接引发了市场的质疑和监管层的高度重视，一系列监管风暴也由此掀开。

黄光裕"财技"大起底

文/陈　萌

黄光裕

编者按

如今，人们肯定会说，马云、马化腾、刘强东等互联网人物是最成功的创业者，但在2008年案发前，国美电器创始人黄光裕才是那个时代最耀眼的成功者。2008年11月，黄光裕因涉嫌经济犯罪，接受警方调查，一代首富就此谢幕。

行贿？偷税漏税？操控股价？秘密洗钱？

涉嫌多项经济刑事犯罪的"中国首富"黄光裕，其涉罪原因依旧扑朔迷离。在资本市场上长袖善舞的黄光裕究竟打通了多少秘密路径，最终成功聚起庞大的家族财富？这些悬疑尤令市场关注。12月2日时代周报记者前往香港采访，试图拨开国美系复杂的资本运作迷雾，还原事实，逼近真相。

2008年12月2日中午，香港中环，海富中心楼顶，"GOME国美"几个红色大字隐匿在雾霾中，遥望着对面的维港和尖沙咀。

香港皇后大道中99号的中环中心，61楼6101室——国美香港总部。12月2日下午时代周报记者探访至此，只见门窗紧闭，一片静寂。偶尔闪过一两个员工，平静的脸上看不出任何表情。

半个月一晃而过。11月17日深夜，国美电器（HK.0493）董事局主席黄光裕被相关部门带走侦讯，传言一时铺天盖地，案情至今扑朔迷离。

据消息人士透露，黄光裕案涉及面广且深，牵扯官员及境外公司的案件多达七起。警方目前已掌握，黄涉嫌与700亿元左右的可疑资金有密切关联。公安部门经济侦查系统及证监会、银监会在查办多起案件中均涉及黄光裕，内情异常复杂。

另有知情人士向时代周报记者透露，黄光裕案也可能涉及其潮汕同乡黄松有。10月28日下午，十一届全国人大常委会第五次会议经表决，免去黄松有的最高人民法院副院长、审判委员会委员、审判员职务。知情人士透露，黄松有主要涉及三大问题，即以权谋私、严重经济问题和生活腐化。

在资本市场上长袖善舞的黄光裕究竟打通了多少秘密路径，最终成功聚起庞大的家族财富？这些悬疑尤令市场关注。

‖ 神秘的华平9号基金

在国美香港借壳上市的经典案例中，人们往往注意到了"香港壳王"詹培忠，却忽略了孙强。

"孙强这个人不简单"，时代周报记者在香港走访的多位基金公司经理及业内人士一致认为，在国美香港上市的过程中，孙强和他的美国华平投资集团（下面简称"华平"）"扮演了不可替代的角色"。孙的身份，是华平负责北亚投资业务的董事总经理。

2006年2月3日，国美股价一度急升到8.1港元，当天报收7.35港元，上涨21%，创下自2005年7月以来的最高收盘价。股价飙升21%的原因，正是因为引进了华平作为战略投资者。

华平成立于1971年，是美国最大的私人股权投资基金之一，集团旗下管理的11项私人资本基金投资遍布30个国家和地区的超过500家公司，总值约220亿美元。早在1994年，华平便进入香港资本市场，总投资额超过190亿美元，当中包括多家香港的上市公司。

按照双方协议，交易架构为：华平认购国美总额达1.25亿美元的可换股债券，及认购总值2500万美元的认股权证，约占国美电器总股本的9.71%。初步行使价分别为6.4港元及7.7港元，国美电器因此获得11.72亿港元。

时代周报记者调查获悉，当时入股国美的是华平私募投资9号基金(Warburg Pincus Private Equity FundIX)，迄今为止，1.5亿美元是华平在中国的最大一笔投资。

协议称，若华平全部行使可换股债券及认股权证的权利后，将持有国美超过9.7%的股权。而国美董事局主席、控股股东黄光裕在国美的持股量将由现在的66.04%降至59.62%。华平将派一名非执行董事加入国美董事局。而这名非执行董事，就是孙强本人。经过这次交易，华平成为了仅次于黄光裕的国美第二大股东。

香港一位业内人士对时代周报记者分析说，华平2006年2月总共持有国美1.77亿股，当时买的国美转换债券是6.4港元每股，但一年之后的2007年5月，华平减持了9100万股，"等于做个短线，收回了成本。那次减持之后，华平还持有国美电器8678万股。"

目前，国美电器仍处于停牌当中，其股价是每股1.12港元，复权价为4.5港元左右。"华平虽然不亏了，但黄光裕若真的出事，看着到手的真金白银就要跑了也会很郁闷。"上述业内人士说。

|| 双重身份拷问孙强

根据当时媒体报道，可以还原双方交易的细节——华平是从二级市场上购买了国美电器1.77亿股普通股，每股的价格是6.4港元（转换债券的转股价格），该价格在当时较最近30个连续交易日的每股平均收市价溢价16.79%。

此外，华平还将支付300万美元认购总值2500万美元、为期五年的国美新普通股认股权证。华平有权以每股普通股0.9927美元(约合7.7港元)的初始价格行使认股权证。这一行权价较当时最近30个连续交易日的每股平均收市价溢价40.51%。

黄光裕当时向华平承诺，在2011年前，将母公司余下的零售资产注入上市公司，计划在5年内将母公司所有内地零售网络注入上市公司。

"目前这一承诺恐怕难以兑现"，香港一位投行负责人告诉时代周报记者，总体说，华平在中国的投资并不算成功，鲜有亮点。尤其在国美投资上如今更是骑虎难下。

从1996年，华平先后投资了麦考林、大唐电信、哈药集团等，大多获利微薄或中途退出。此外，还接触汇源果汁、港湾网络、七天酒店连锁和天宇朗通等企业，也是无功而返。

一位香港投行的负责人分析，其实在国美上市之时，香港不少基金经理并不看好它，很多大型基金对国美根本没有关注。"他们觉得国美大股东和上市公司搞在一起很不好，一些门店的产权归属也不清楚。黄光裕自己做地产，他们很担心上市公司的资金会输送给地产公司。此外，黄对人不够忠诚。从而使不少基金经理敬而远之。"

"2006年华平为何逆势而入，我们都很疑惑，这根本不是按常理出牌"，上述业内人士说，国美在香港的门店，多是形象展示，生意一直很差。时代周报记者12月2日在九龙旺角亚皆老街的国美旗舰店看到，尽管打着"香港国美五周年庆典优惠"的招牌，除了一层人流比较多，二层之上，几乎没有人影。

而在黄光裕被拘查后，孙强再次走上台前。国美11月27日公告中，宣布国美总裁陈晓将兼任董事局代理主席，而公司财务总监方巍则出任代理CFO。与此同时，国美将由非执行董事孙强及三名独立董事陈玉生、Mark C.Greave和Thomas Joseph Manning组成董事会特别行动委员会，以进一步强化公司的企业治理结构，提升透明度，保持与社会各界的有效沟通。

孙强曾表示："对华平最大的要求就是适应力要强，要灵活。"但在入股国美的前前后后，孙却深陷其中。"目前很难讲华平和国美之间的关系，是否存在着利益输送和关联交易，但我们仍然保持质疑。"香港一位大型投行的投资总监说。

‖　强势的资本团队

11月27日上午9点30分，北京市公安局新闻办首次证实，黄光裕因涉嫌经济犯罪，正在接受警方调查。目前，该案件正处于经济侦查阶段，所涉全部卷宗材料都将汇总至公安部。

11月28日，中国证监会有关负责人表示，从2008年4月28日起，证监会对三联商社(SH.600898)、中关村(SZ.000931)股票异常交易立案稽查，调查发现在涉及上述公司重组、资产置换等重大事项过程中，黄光裕实际控制的北京鹏润投资有限公司（下面简称"鹏润投资"）有重大违法违规嫌疑，涉及金额巨大，证监会已依法将有关证据材料移送公安机关。

据悉，黄光裕牵涉的案件主要包括：在国美海外上市期间及并购永乐期间涉嫌多次行贿；其名下资产注入海外壳公司的过程中涉嫌偷漏税；对★ST金泰部分洗钱案件，对中关村、三联商社等股价涉嫌进行操纵；涉嫌通过地下钱庄秘密转移资产等。

在黄光裕国美系资本运作的路径背后，多次闪烁着黄氏家族及其潮汕老乡的身影。

黄的亲属多在公司担任管理工作，他手下的二号人物张志铭早年是其司机，后来娶了黄的妹妹黄燕虹——先后成为国美、鹏泰投资、鹏润房地产的负责人。黄的母亲管理着鹏润旗下一家名为"国美投资"的公司，负责鹏润集团办公物资的采购。

"黄光裕深具潮汕人性格，喜欢抱团，绝不出卖朋友。"时代周报记者12月2日在香港尝试联系国美当时买壳上市的引荐人——"金牌壳王"詹培忠时，多位熟悉国美和黄光裕的内部人士表示，"詹培忠目前绝对不会说什么的，他和黄光裕的关系很铁，黄也是靠这帮潮汕朋友才起家的。"

而许钟民与黄光裕也渊源颇深，两人同为广东潮汕同乡。2006年，中关村重组，黄光裕控股的鹏泰投资作为ST中关村的第一大股东，由许钟民出任董事长。

因此，黄光裕在资本腾挪之时选定中关村，自在情理之中。

黄的妻子杜鹃毕业于北京科技大学，曾在中国银行任信贷员。后来杜鹃加入国美集团负责鹏泰投资业务。国美集团内部消息人士称："杜鹃主要负责香港业务，非常懂投资业务。"实际上，入股中关村的鹏泰投资是由杜鹃亲自操刀。

国美系进驻中关村起于2006年4月，黄光裕控制的鹏泰投资耗资7855.82万元从北京住总有限公司手中受让中关村15%的股权，成为位列时任中关村总经理段永基控制的海源控股之后的第二大股东。

3个月后，黄光裕再次出资1.54亿元获得了中关村的实际控制权，鹏泰投资共持有15353.29万股，占总股份的22.75%。停牌之前，中关村股票的走势还比较强，11月份，股价从最低的2.48元反弹至21日的3.74元，涨幅高达50.8%。

"虽然11月中关村的走势较强，但复牌后该股极有可能连续跌停。"业内人士透露，由于黄光裕事件的影响，原本参与炒作中关村的资金全部被"锁"在其中，很难跑出来。一旦中关村复牌，这些资金将不计成本抛出，因此中关村股票未来的走势非常严峻。

一位私募操盘手看完中关村股价走势后分析说，2007年6月—7月的那段时间跌幅确实有悖大盘，利好消息前下跌不太正常。9月3日、4日放巨量，主力可能是9月出逃的，而很有可能是在4—7月间逐步进入。

|| 分散出击化整为零

根据Wind数据，中关村前十大股东里，个人流通股股东龙燕在2007年6月30日持股392.24万股，而在9月30日就完全退出。此外，仅在2007年6月30日出现的前十大自然人流通股股东荣红桔、吴瑞玲、马志玲、高咏梅、邱宝裕、凌俊、俞相华、唐延季等8人，也在2007年9月30日就集体退出。

业内人士称，上述几人共持有1401万流通股，集体进入又集体退出中关村十大流通股东，而进出时间又是敏感时期即公布上述重组消息前后，不免令人生疑。而据时代周报记者调查获悉，在中关村的流通股股东名单中，有多位是潮汕人士。

"犹如黄光裕是刘芳在操纵ST金泰的说法，或许上述众多的个人大户也是黄光裕的化身。这些个人股东同时期进入又集体退出，若是股价操纵，那有可能是'化整为零'的手法。"平安证券的一位投行部负责人认为，"2000年以前庄家主力都是这么干的，原来的亿安科技，现在的ST宝利来、ST康达尔，还有银广夏，概莫能外。"

也有业内人士质疑，入主三联商社、中关村和并购大中，都需大量资金，国美电器作为香港上市公司，资金流虽还顺畅，但在国家外汇管理局严格监管下，外汇流入总额受到限制。黄光裕极有可能动用地下钱庄洗钱或转移资金。而在广东经营地下钱庄生意的，大多数是潮汕人。

据接近黄光裕案专案组的消息人士称，在商务部条法司前巡视员郭京毅、外资司前副司长邓湛等官员的案件审理过程中，有官员供认黄在海外上市和并购永乐时曾多次行贿。由于国美注册在英属维尔京群岛，属于外资公司，郭京毅和邓湛等官员正是参与审批国美收购永乐的关键人物。

12月3日傍晚，香港维多利亚港上空，一只鹰掠过海富中心楼顶的国美电器的招牌。属鸡的黄光裕在资本市场以好斗著称，但若没了翅膀，资本的江湖，又该如何纵横驰骋？

（原文刊发于《时代周报》2008年12月8日第3期）

刘益谦资金阴霾：大部分钱是借来的

文 /陶喜年

出身草根的刘益谦，是真不懂得害怕，还是故作镇定，不得不让人打个问号。因为，其参与定向增发的资金，大部分并不是其本人的。

蛰伏近半年后，法人股大王刘益谦再度出手。

5月11日，同方股份公告，5月8日，公司控股股东清华控股有限公司与刘益谦签署《股份转让协议》。刘益谦以21.00元/股的价格，受让清华控股持有的同方股份5000万股，占公司总股本的5.12%。在付出10.5亿元的真金白银后，刘益谦将成为同方股份的第二大股东。

这是今年以来，刘益谦首度出手，受让上市公司股份。

2009年6月，刘益谦以16.8亿元参与京东方A增发，震惊股市。此后，刘益谦一发不可收，斥资数十亿元，接连参与金地集团、首开股份、保利地产、浦发银行、华电国际、东方电气、高鸿股份、中体产业等股票增发。早在2000年就以"法人股大王"著称的刘益谦，在这年获得"增发王"的新头衔。

早年靠卖皮包、开出租车起家的刘益谦，在2009年显得异乎寻常的高调。除频繁参与增发外，刘益谦还与夫人王薇一道，在艺术品拍卖市场砸下数亿元，俨然

"上海滩首富"的派头。

不过，在今年超级严厉的地产调控下，刘益谦的资金链开始趋紧，其重仓20亿持有的地产股，已经出现5亿多的浮亏。

刘益谦能否持续昔日的辉煌，开始出现变数。

‖ 增发狂人半年砸进70亿

在上海滩，一无学历、二无背景的刘益谦能屹立资本市场20年不倒，看起来是个谜。

1963年出生的刘益谦，初中未毕业即开始做皮包生意。他自称30岁时，即通过买卖一笔豫园商城，成为百万富翁。

2000年1月，此前一直以个人名义进出市场的刘益谦，成立新理益投资管理公司（后发展成新理益集团），开始以公司身份参与法人股市场。

公司成立时的注册资本仅1000万元，不久即增加到8000万元，过了一年多，又飞升到3.3亿元。对于新理益的利润来源，刘益谦当时称主要来自"法人股分红"。

在此后的两年多时间里，新理益以转让或竞拍的方式，持有海南椰岛、天茂集团等15家上市公司的法人股，并成为百科药业（现天茂集团）的控股股东和法人代表。而这些法人股一旦解禁，新理益即选择火速卖出。到2007年，除依旧控股天茂集团外，15家公司的法人股，大多都已卖出。

新理益入主百科药业不久后的2003年6月，"大庄股"百科药业即大幅跳水，出现连续8个跌停，有朱大户之称的朱耀明等庄家此后被判刑。关于刘益谦与朱耀明等人有无合作关系，在当时备受争议。

危机过后，刘益谦在媒体上，开始以实业家的面目出现，称其要从资本玩家向实业家转变。但此后的经历表明，刘益谦依然是"资本玩家"。

2007年8月和11月，新理益集团先后以1.196亿元和6120万元，认购股天音控股400万股和厦工股份600万股，由此开始进入定向增发领域，但这两单生意，并未给刘益谦带来收益。

进入2009年下半年，刘益谦突然发力，频繁以个人名义，参与保利地产、金地集团、首开股份、浦发银行、中体产业、东方电气、华电国际、高鸿股份等8家公司增发，并通过其实际控制的上海诺达圣信息科技有限公司，以16.8亿元的大手笔获得京东方A7亿股。半年时间的9次定向增发，刘益谦累计用资近70亿元。

金地集团4.76亿元，首开股份4.886亿元，保利地产10.854亿元，浦发银行15.2亿元……刘益谦动用资金一次比一次多，出手一次比一次快。东方电气、华电国际两家公司，甚至同一天公告刘益谦入股。

去年半年的密集增发，再加上今年5月刚刚公告的同方股份10.5亿元入股，刘益谦动用的资金，累计将超过80亿元。以致有股民感叹，刘益谦似乎总有花不完的钱，其介入定向增发，比老百姓买白菜还轻松。

以地产股为例，2009年7月14日、17日和8月17日，刘益谦先后出资10.85亿元、4.866亿元和4.76亿元，参与认购4.5亿股保利地产、3.5亿股首开股份和3.4亿股金地集团的定向增发股份，合计出资20.5亿元。随着此后房地产股的持续走强，这些投资一度给刘益谦带来超过50%的浮赢，收获颇丰。

|| 投资3地产公司浮亏5亿

刘益谦一向看好房地产。早在2003年，刘益谦即设想，新理益公司未来要发展成涵盖金融、房地产、基础设施等领域的投资控股集团。

"现在唯一能看得清楚的就是地产行业，国家要走出金融危机，老百姓要抵御通货膨胀，都要靠地产。大中城市房价已经达到2007年高峰水平，可是房地产上市公司价格没有达到2007年水平。" 去年7月参与保利地产增发时，刘益谦这样表示。

　　除保利地产、首开股份和金地集团外，2009年6月，新理益集团还曾出资1.92亿元受让渝开发2000万股，8月12日，这些股权获得国资委批复同意后完成过户。但到3季度末，这些股份就被闪电转手。

　　"地产股方面，两个赚的，两个亏的，差不多打平。为什么会出现这样的结果？因为渝开发和首开股份我是在2700点左右进入的，而保利地产和金地集团是在3300点左右进入的。"今年1月，刘益谦面对媒体的采访，对其持有的房地产股的下跌，依然镇定自若。

　　"要知道，通货膨胀是我们这代人这一生中碰到的最厉害的一次，资产价格也会不断上涨，这也是为什么我的资产配置会重仓地产股。"刘益谦当时对媒体说道。

　　即使到了今年4月16日，二套房贷提高到50%的新政出台当天，刘益谦依然对房地产保持乐观。在接受《第一财经》电视采访时，刘益谦甚至称二套房新政利好房地产股。

　　"楼市调控的靴子落下，将对房地产形成利好。利空出尽，地产股2010年的收益，将远远高于2009年的收益。"面对镜头，刘益谦侃侃而谈。

　　但其后房地产股的走势突然急转直下，多少出乎刘益谦的意料之外。

　　以刘益谦重仓3500万股的首开股份为例，从4月6日的最高价22.5元，到5月17日的收盘价12.55元，一个多月时间，首开股份已经暴跌44.2%，刘益谦光在其上的市值，即蒸发3亿多元。

　　截至5月17日，刘益谦斥资20.5亿元购入的3只地产股，已经浮亏超过5亿元，下跌幅度超过25%。

　　此间，刘益谦再度成为媒体关注的焦点，但与去年众星捧月的风光不同，这次刘益谦面对的，是对其资金链会否断裂的质疑。但刘益谦似乎镇定自若。

　　5月11日，时代周报记者通过电话联系到刘益谦。刘益谦依然显得不以为然，表示股价涨跌是正常的事，没有必要大惊小怪。

　　"媒体啊、股民啊，老是给我算昨天赚了多少、今天亏了多少，比我自己还关心。这没意思的。"

刘益谦表示，虽然短期内地产股或面临恐慌性抛压，直至股价下跌，账面会浮亏，但长期来看，未来几年房价看涨的趋势不会改变，国家支持的消费政策和城市化进程等，都会让地产股不断上涨。地产股跌再多，他也不会害怕。

"现在亏5个亿，半年后赚5个亿，这样的情况还是有可能存在的。现在还没流通，等解禁了，我再对那时候的市场进行判断。"刘益谦对时代周报记者说。

|| 10亿资金撬动70亿投资

出身草根的刘益谦，是真不懂得害怕，还是故作镇定，不得不让人打个问号。因为，其参与定向增发的资金，大部分并不是其本人的。

今年7月，刘益谦斥资近16亿元持有的保利地产和首开股份，即到12个月解禁期。按照刘益谦过往的操作风格，解禁期一到，他都会选择出货。如2006年12月，新理益持有的130万股海马股份解禁，刘益谦选择第一时间抛售，价格在5元左右，而此后海马股份一度涨到36元。

深谙股市操作的刘益谦何以如此迫不及待呢？原因无外乎资金压力。

早在10年前参与法人股拍卖时，刘益谦即深谙通过法人股质押打造资金链的秘籍，即"将所持法人股质押给担保公司、银行等金融机构以盘活资金"。

早在2001年9月份，新理益即两次将当时的百科药业3050万股法人股质押给上海兴中担保租赁公司和上海中泰担保公司；2003年6月23日，新理益又将安琪酵母1950万股法人股质押给中国光大银行海口支行。

根据百科药业和安琪酵母当时的每股净资产计算，新理益可获得的银行贷款，或不少于亿元。

而去年以来的近10次定向增发，刘益谦更是将质押、担保的杠杆效应，发挥到了极致。

"我用了10个亿的资金，撬动了70个亿的投资。"今年1月，刘益谦曾这样对媒体表示。

以京东方为例。今年2月27日，京东方A发布《股东所持公司股权质押》公告，称公司股东上海诺达圣信息科技有限公司（刘益谦为实际控制人）已将所持有的公司有限售条件流通股7亿股质押给上海国际信托有限公司，质押登记手续已于2月26日在中国证券登记结算有限责任公司深圳分公司办理完毕。

保利地产年报亦显示，刘益谦已经将其所持有的4500万股保利地产质押。

"我是把股票买完之后，全部押给信托。像保利地产，10.8亿押给信托公司，拿回来6个多亿，这成为参与金地集团增发的现金来源。金地集团增发用了4个多亿，再押给信托，拿回来2.5个亿。"刘益谦在接受媒体采访时表示，正是利用将股权质押给信托公司获取后续资金，即先用自有资金参与增发，所得股份通过信托抵押方式部分变现，再将变现资金投入下一次增发。

再以浦发银行为例。刘益谦认购浦发银行定向增发股票花了15.2亿元，通过信托融资，即拿回10.45亿元，相当于自己只花了5个亿。

公开资料显示，刘益谦主要通过位于北京的中诚信信托有限公司和上海国际信托有限公司做信托融资。

而通过信托融资的成本在8%左右，如果刘益谦通过信托融资60亿元，一年的成本需要4.8亿元。如果其参与定向增发的股票出现亏损，以刘益谦自有资金10亿元计算，其承受的压力可想而知。

而杭州地产公司滨江集团最近的持续暴跌，也让媒体对刘益谦的质疑更加深一层。去年7月，一向与刘益谦多有合作关系的中诚信托，通过大宗交易系统，高价买入新理益集团及其关联公司上海汉晟信投资公司等转手的5000多万股滨江集团股票。今年5月5日，滨江集团跌破中诚信托三只产品的止损线。媒体开始质疑，中诚信托入股滨江集团，是否系帮助刘益谦成功套现。

在接受时代周报记者采访时，滨江集团某高层表示，他们对中诚信托入股的原因不了解，中诚信托大规模入股前，并未到公司调研，甚至没有跟公司联系。而刘益谦则一面承认跟中诚信托很熟，一面又极力撇清在滨江集团上与中诚信托的关系。

5月11日，在回应《中国证券报》一篇质疑文章时，刘益谦终于承认：去年他对地产股行情过于乐观了，对房价短期暴涨引发政策严厉调控准备不足，但其长期依然看好房地产。

在这次采访中，刘益谦也首次正视利用信托杠杆放大资金量的利弊得失："资金杠杆的双刃剑效应不能不防，以后在用杠杆时会更加慎重，缩小杠杆比例，扩大安全系数。"

不过，就如刘益谦神秘的发家史一样，此番地产股暴跌，将给刘益谦带来何种转变，眼下还是个未知数。而刘益谦的真面目，或许只有在其光环褪去后，方能揭晓。

（原文刊发于《时代周报》2010年5月24日第79期 ）

紫金矿业量产富豪：三闽商 10年吸金65亿

文 / 王飞丹

当紫金矿业的重污染让汀江流域百姓痛不欲生之时，有人却因紫金矿业活得极为滋润。10年前，陈发树、柯希平和陈景河三人一起玩转紫金矿业；10年间，他们从中疯狂吸金65亿元，摇身一变成富豪：陈景河已是中国第一金矿的董事长、柯希平成了厦门首富、陈发树则登上了"福建首富"的宝座。紫金矿业直接催生了闽商系的三条巨鳄。

‖ 因紫金矿业结缘

"他们三人很像，又非常不像。"紫金矿业厦门总部的一位老员工告诉时代周报记者，陈发树、柯希平和陈景河是多年的黄金拍档，"他们因紫金矿业结识，虽各具特色，但做事都很果敢。"

现年50岁的陈发树靠新华都百货起家，是福建省零售业的大佬；柯希平则是厦门恒兴实业的董事长，主要从事建材生意。

1997年，陈发树和柯希平共同出资成立了新华都工程有限责任公司（下面简称"新华都工程"），其中陈发树占股51%，柯希平占股49%。

那年，陈发树花6000多万元购买了一批水电站设备。"对于当时资金并不雄厚的陈发树而言，这批6000多万元的设备更像是一种赌博。"陈发树的一位朋友告诉时代周报记者，"如果做好了收益会很高，做不好陈发树就可能即刻面临破产。"陈发树的豪赌气质可见一斑。

然而，正是这批设备，让陈发树结识了陈景河。

设备到位后，陈发树和柯希平的新华都工程公司先后承接了浙江和江西开采土石方的工程。当陈发树得知紫金矿业也有土方工程的需求时，便主动与对方接触，随后陈发树结识了陈景河，并开始承接紫金矿业的业务。

1992年，科班出身的陈景河作为特殊人才被引进上杭县开发紫金矿山，委以上杭县矿产公司经理的重任。"陈景河是一个工作狂，"上述紫金矿业的老员工告诉时代周报记者，"他经常加班，十分敬业"。

"1992年，紫金矿业的利润只有5万元，但1993年实现了55.4万元的利润之后，就开始逐年迅速增长，1996年达到了1000万元。"在陈景河看来，紫金矿业的壮大与发展在情理之中，"人们把技术神秘化了。其实，有些看似很复杂的东西，把它弄明白了，与生产一结合，就显得很简单。"

随着紫金矿业资产规模不断膨胀，2000年，紫金矿业开始实行股份制改革，陈景河任董事长。而正是在这个千禧年，陈发树、柯希平和陈景河三人第一次真正汇聚于紫金矿业。

"当时的紫金山矿是贫矿且开采难度大，也因陈景河的技术攻关需要不断试错，所以欠下陈发树很多工程款。改制时，紫金矿业就将欠下陈发树的工程款折合为股份入股。"紫金矿业的老员工向时代周报记者解释陈发树入股紫金矿业的原因。

随后，在陈景河和陈发树的牵线搭桥下，柯希平也成功入股紫金矿业，与陈发树一起成为紫金矿业第一、第二大自然人。

|| 超低价入股

这10年间，陈发树、柯希平和陈景河持股紫金矿业共计7.1亿多股，如按当时9.15元的股价计算，这些股票已让这三大闽商的身家暴涨至65亿元。然而，令人咋舌的是，当时他们都是以0.1元的超低价入手，总投入不足7000万元。

时代周报记者调查发现，陈发树和柯希平个人拥有的6.1亿股紫金矿业都来自于新华都工程公司。当时，新华都工程以0.1元的面值无偿转让给陈发树3.5亿股紫金矿业，同样以0.1元的面值转让给柯希平2.6亿股。这就意味着，陈发树和柯希平的投入成本只有6100万元。

2003年12月23日，紫金矿业成功登陆港交所，陈发树旗下的新华都实业集团股份有限公司持有紫金矿业已发行股份的13.16％，陈个人直接控制紫金矿业已发行股份的3.41％。 据此陈发树直接和间接持有紫金矿业的股份近18.5亿股，占比14.05％。

作为引领陈发树和柯希平进入紫金矿业的带路者，陈景河也同样以低价收购入主紫金矿业。

2004年，陈景河以0.1元/股低价收购了金山贸易持有的紫金矿业600万股，又以0.65元/股的价格从新华都百货处收购了400万股。2006年，类似的转让两次出现，陈景河以同样的低价再次拿下4167.52万股。陈景河仅仅花了735.28万元就成功获得了紫金矿业总计1.14594亿股。

至此，三大闽商花了不足7000万元就跻身紫金矿业十大股东，成为三大自然人，坐拥65亿资产，已然成为福建三大巨鳄。而紫金矿业和陈景河显然是陈发树和柯希平的贵人，虽然陈和柯在入股紫金矿业前已有自己的企业，但紫金矿业的暴涨才使得他们的企业从池塘进入海洋，开始真正的"飞跃"，两人从紫金矿业所获的利润比他们此前20年的收入都要多。

"与陈景河不同，陈发树和柯希平入股紫金矿业有很明显的投资痕迹。"厦门一位从事零售业的闽商对时代周报记者说。

这位闽商所指的投资痕迹，其实就是陈发树和柯希平通过"新华都工程"来避税。陈发树和柯希平的6.1亿股通过新华都工程划拨到自己名下，由企业股转为个人股，按当时股价来计算，这些股票的价值达到55.815亿元，如按25%的企业所得税计算，陈发树和柯希平则将应缴纳的13.75亿元税款直接当做"利润"收入囊中。

|| 疯狂减持套现

去年4月底紫金矿业大小非解禁后，陈发树和柯希平开始疯狂套现。

解禁之时，柯希平通过大宗交易平台，减持紫金矿业2110万股，通过上证所竞价交易系统累计减持紫金矿业5367万股。以紫金矿业此间的加权均价8.88元计算，柯希平此次套现约6.64亿元，而陈发树套现达42亿元之多。

两人从紫金矿业"吸金"后，立即着手扩张自己的投资版图，陈发树随即入股青岛啤酒和云南白药，成为其大股东之一；柯希平则入股京东方成为其第二大股东。"我们只动用了套现的部分资金。"陈发树和柯希平在面对外界的质疑时，回答惊人的一致。

数十亿元的大手笔投资，陈发树和柯希平已淡然面对，紫金矿业给陈和柯带去的，也许远不止金钱。陈发树早已不是那个担心6000万元的设备会让其破产的青年；柯希平也将自己的企业安在了厦门最具小资气息的高档区域。

就在陈发树和柯希平疯狂套现的同时，陈景河也按捺不住，开始减持了。陈景河转让了紫金矿业近2760万股，套现2.5亿元，其中近8成转让给了公司部分董事、监事及高管。

三大个人股东集体减持套现，引起市场一片恐慌，人们纷纷猜测紫金矿业将进入"夕阳"。"事实上，陈发树、柯希平或是陈景河的减持未必就是对紫金矿业前景的担忧。减持后他们仍是紫金矿业最大的自然人股东。"前述紫金矿业厦门总部的老员工告诉时代周报记者。

当时代周报记者走访柯希平的厦门恒兴公司时，公司的内部人员向记者证实了紫金矿业老员工的话："我们对外界炒作套现之事也很反感，至少现在紫金矿业仍是我们业务的一部分。"而陈发树旗下的上市公司新华都的董秘龚严冰此前也向时代周报记者承认紫金矿业的重要性："紫金一直给我们带来丰厚的利润。"

|| 瞄准海外并购

十年的磨合，竟然使得三人的气场如出一辙，低调、寡言。当时代周报记者向这三大闽商询问对彼此的看法时，三人都宛若不认识对方般，"不予置评"。与陈发树和柯希平不同，带领紫金矿业驰骋国内外多年的陈景河虽不愿谈及商业伙伴和商业秘密，但在与时代周报记者的交流中却始终保持礼貌，彬彬有礼。

早在几年前，陈景河就已将紫金矿业陆续推出国门，"我们要利用海外资源供应国内市场"。陈景河一直坚持走国际路线，"这是中国政府积极鼓励的，也是紫金未来发展应该认真实践的课题"。陈景河这几年的国际化转型之路走得略有成效，2009年，紫金矿业荣登英国《金融时报》公布的全球500强企业第243位。

也许受到了陈景河的影响，陈发树和柯希平也开始走海外并购之路，只不过他们选择隐身于一家叫天然乳品的公司之后。

这家只有11名员工、注册地在开曼群岛的神秘香港上市公司，日前已完成了对新西兰最大私营农场Crafar Dairy20%股份的收购。令人匪夷所思的是，这家公司多年亏损、市值只有11亿港元的公司是如何"吞下"比自己公司规模大7倍的公司的？

答案也许正是陈发树和柯希平。如今的陈发树和柯希平已是福建富豪，作为天然乳品的股东，两大巨鳄在背后力挺，此番海外并购进军乳业的成功实属意料之外、情理之中。

　　陈发树、柯希平和陈景河的海外拼图正在酝酿升级中，也许下一次三人再联手时，已与矿业无关了。

　　　　　　　　（原文刊发于《时代周报》2010年8月2日第89期）

鲁冠球的万向资本帝国

文 /陶喜年

伴随一桩跨国收购，知名老牌公司万向集团高调回归大众视野。

美国当地时间2月12日至2月14日，美国豪华混合动力跑车制造商菲斯克举行资产拍卖，来自杭州的万向集团以1.492亿美元的报价胜出，成为菲斯克的新主人。菲斯克公司成立于2007年，位于美国洛杉矶，因经营不佳，2013年11月申请破产保护。

菲斯克初始报价只有最终报价的六分之一，万向集团以1.492亿美元的高价接手菲斯克，是否划算？业内对此产生了极大争议。但成为整车制造商和真正意义上的跨国公司，一直是万向集团掌门人鲁冠球数十年来的夙愿。

在此前的2012年12月，万向集团就已收购了菲斯克的电池供应商A123 Systems，再加上已经自主研发12年的万向电动车，以生产汽车零部件起家的万向集团，已成一家跨国新能源汽车公司。消息公布后，万向集团旗下的万向钱潮(000559)连续3个交易日涨停。

事实上，收购菲斯克只是万向版图扩张的冰山一角而已。目前，万向已控股万向钱潮、顺发恒业、万向德农、承德露露4家上市公司，并拿下了万向信托、通联期货、万向租赁等金融牌照。其牌照之全，在浙江排名第一，在全国民营企业中亦居前列。

‖ 万向系掌控上市公司集群

万向集团的前身是1969年创办的宁围人民公社农机修理厂。杭州市萧山区宁围镇，正是鲁冠球的老家，所谓农机修理厂，最早只是一个铁匠铺。打铁匠出身的鲁冠球，一直以农民自居，万向的总部也一直在萧山。

1975年，农机厂更名为"萧山宁围公社万向节厂"，此后开始专注汽车万向节的生产。经过10多年快速发展，该厂成为全国最大的万向节生产企业。1992年，浙江万向集团公司挂牌成立。

1994年1月，万向钱潮上市，成为全国第一家上市的乡镇企业。因公司主导产品为"钱潮牌"万向节，上市公司被命名为"万向钱潮"。上市时，万向钱潮总股本只有1.09亿股，到2014年，股本达到15.9亿股，20年扩大了近14倍。

作为20世纪80年代的风云人物，鲁冠球早在1985年就被《半月谈》杂志评为全国十大新闻人物，1987年、1992年分别当选中共十三大、十四大代表，1998年到2013年，连续三届当选全国人大代表。创业45年，鲁冠球一直是中国乡镇企业家的一面旗帜，被称为企业家中的不倒翁和常青树。1944年12月出生的鲁冠球，今年已经70岁。

万向钱潮的上市，鲁冠球旗下大将管大源居功甚伟。1963年出生的管大源，与鲁冠球同为萧山人，17岁即进入万向工作，历任杭州万向节总厂统计员、计划员、科员，万向集团公司总经理助理等职务。万向钱潮上市后，管大源出任董秘职务。为表彰其在万向钱潮上市过程中所做贡献，1994年，鲁冠球以10万元现金重奖管大源。

万向钱潮上市后，万向集团在资本市场一发不可收拾。

2000年后，万向集团先后控股了万向德农(原名华冠科技，600371.SH)、承德露露(000848.SZ)、顺发恒业(原名兰宝信息，000631.SZ)3家上市公司，上述公司分别位于哈尔滨、承德、长春三地。其中顺发恒业属于借壳上市，万向旗下地产业务已经打包全部置入上市公司。万向德农、承德露露则保留原有农业相关业务，一并归属万向三农集团旗下。

目前，万向集团公司持有万向钱潮51.53%股份，万向三农集团持有万向德农51.20%股份、持有承德露露40.68%股份。万向资源有限公司持有顺发恒业73.65%股份。

值得注意的是，除杭州大本营的万向钱潮一直由鲁冠球本人担任董事长外，万向德农、承德露露、顺发恒业3家上市公司董事长都由管大源担任，鲁冠球对管大源之器重可见一斑。

除上述4家嫡系上市公司外，万向集团为第二大股东的上市公司还有4家。

2002年，万向资源有限公司成为国有上市公司中色股份(1997年上市)第二大股东，至今未变。

2004年8月，杭州市萧山区瓜沥镇航民村村办企业航民股份上市，万向集团为公司第二大股东，至今未变。

2005年5月，位于浙江德清的兔宝宝上市。此前的2002年5月，万向创投(后变更为万向三农)成为兔宝宝控股股东德华集团第二大股东。

2012年3月，国企广汽集团上市，万向集团为第二大股东。

此外，2008年后，万向控股的万向硅峰一度筹备上市，但遭遇光伏市场遇冷等境况，公司上市无疾而终。

不过，掌控4家、入股4家上市公司的万向系，已是浙江无可争议的资本第一系，至今无人望其项背。

‖ 万向的金融版图

以万向节及其他汽车零部件起家的万向集团，目前已经发展成为横跨汽车、能源、房地产、金融、农业等产业的大型集团。其在金融市场的拓展，尤其可圈可点。

如果说鲁冠球有强烈的汽车梦，其儿子鲁伟鼎，谋划更多的则是金融梦。

1992年，时年21岁的鲁伟鼎走向前台，出任万向集团副总裁。1994年，随着万向钱潮的上市和万向美国公司的创立，鲁伟鼎的能力得到认可，开始出任万向集团总裁，成为浙江最早走向总裁岗位的富二代。作为风云人物之一，鲁伟鼎还跟马云、冯根生、沈国军、宋卫平、陈天桥、郭广昌、丁磊7位浙商一道，组建了远近闻名的顶级会所——江南会。

少帅鲁伟鼎甫一现身，就以激进作风震动资本圈。

在其领导下，1995年，通联资本前身深圳通联投资有限公司成立；1996年，万向租赁成立；1999年，通联期货前身万向期货成立；2000年，通联创投前身万向创业投资股份有限公司成立；2002年，万向财务公司成立。

也是在2002年，万向出资1.2亿元投资民生人寿，此后又进一步控股民生人寿。2004年，万向参股浙商银行。2007年成为万向信托前身浙江省工商信托第一大股东；2008年，在上海参与组建通联支付；2010年参股浙商基金。

自此，万向取得银行、保险、基金、信托、期货等金融业牌照，如果再入股一家证券公司，万向金融王国将正式组建完毕。而鲁伟鼎，无疑是这个王国的实际控制人。

万向进军资本市场的一大旗舰，为1995年成立的通联资本。成立时，万向集团持有90%股权，万向集团企业发展总公司持有10%股权，鲁伟鼎出任董事长。2003年通联资本进行增资和股权调整，万向控股以3.8亿元出资持有95%股权，剩余5%为鲁伟鼎持有。2005年12月，管大源则受让控股95%的股权，成为通联资本实际控制人。此后，公司法人代表，也由鲁伟鼎变更为管大源。

作为万向系的一大核心，通联资本的重要性不言而喻，如出资2500万元成为浙商基金四大并列股东的，即为通联资本。2003年2季度，通联资本列前十大流通股东的上市公司，即有风华高科、普利特、龙元建设、内蒙君正4家。万向控股为何会将通联资本的控股权拱手转让给管大源，至今仍是一个谜。时代周报记者联系通联资本和万向集团，都未得到明确答复。

　　成立于2000年的通联创投，又是通联资本旗下的旗舰公司，通联资本持有其83.33%股份。目前通联创投是天赐材料、海利得、方正电机、南通锻压4家上市公司的股东(大多为第二大股东)。而上述公司都系通联创投以PE形式介入，其中天赐材料今年1月刚刚上市。2010年7月，通联创投入股价格为6.35元/股。上市后，天赐材料股价最高达到36元，不到四年通联创投即浮赢6倍近3亿元。

　　虽然鲁伟鼎和管大源联手在资本市场攻城略地，但有知情人士告诉记者，在万向集团，鲁冠球仍然是帝王级人物。除鲁伟鼎外，鲁冠球膝下还有3个女儿，分别被派到北京、上海、美国3地，跟各自丈夫一道独当一面，负责万向在当地的业务。

　　鲁冠球的小女婿、万向美国公司总裁倪频是其中最知名的一位。倪频是浙江大学的高材生，据称本科、研究生阶段皆是所在院系的学生会主席。1989年，倪频到万向挂职锻炼时被鲁冠球看中。此后倪频到美国留学，鲁冠球就将拓展美国市场的重任交予倪频。万向美国公司成立后，倪频以总裁身份完成30多个海外并购，此次收购菲斯克，即是倪频的手笔。

（原文刊发于《时代周报》2014年2月28日第274期）

"闲人"史玉柱：神秘财富版图浮现

文 /吴绵强

11月11日晚10点30分，美国纽约证券交易所将在北京"水立方"为2015天猫"双11"全球狂欢节专门举行远程开市敲钟仪式。如无意外，一名光头，戴着黑色墨镜，身穿红色T恤和白色长裤的中年男子将应邀出席。

他就是史玉柱。这一套装扮已经成为了他多年来出席公开场合的标配，从未改变。此次参加敲钟仪式颇具象征意义，相比8年前在纽交所敲钟时的心潮澎湃，这位事业几经沉浮的商业巨子内心似乎五味杂陈，他将带着自己的上海巨人网络科技有限公司（以下简称"巨人网络"）正式与纽交所阔别，回归中概股。

10月31日晚，世纪游轮一纸公告，将巨人网络回归A股的传闻落地。世纪游轮拟收购巨人网络全部股权，暂定作价131亿元；此外，还将采用询价发行方式，向不超过10名符合条件的特定对象募集不超过50亿元配套资金；交易完成后，史玉柱将成为世纪游轮的实际控制人。相对的，巨人网络也将成为"网游回归第一股"。

时代周报记者发现，迎接史玉柱回归的是马云、柳传志等大佬，他们花重金入股巨人网络，使得史玉柱能够轻松进行私有化，并拆除红筹架构。

史玉柱曾是中国青年一代的商业偶像，从巨人汉卡的辉煌到巨人大厦的倾覆，他曾千夫所指；脑白金的疯狂传说和网络游戏的征途，让他咸鱼翻身的同时也使他饱受指责。

经过十余年的产业运作，史玉柱的投资版图横跨金融、保险、新能源等产业。如今史玉柱已退休两年多，"老史现在只管战略层面，一些细节东西放手比较彻底。"巨人网络公关总监马全智告诉时代周报记者。

尽管史玉柱近年来热衷于金融和能源版图的投资，却十分低调。时代周报记者独家调查发现，今年10月21日，史玉柱位于河北张家口市桥东区的绿巨人新能源有限公司（以下简称"绿巨人新能源"），在当地工商部门注册后悄然成立。

在这些领域，"闲人"史玉柱继续上演着他的"史氏传说"。

|| 回归A股泰山会"龙头"捧场

退休两年多的"闲人"史玉柱即将叩响中国A股的大门。

在国内游戏产业你死我活的竞争格局下，这位当今中国商界最具争议和传奇色彩的人物，带着他的巨人网络，踏上新的征途。

具体来看，此次世纪游轮拟以29.58元/股的发行价格，向巨人网络的全体股东上海鼎晖孚远股权投资合伙企业（有限合伙）（以下简称"鼎晖孚远"）、上海铼铈投资咨询中心（有限合伙）（以下简称"铼铈投资"）、弘毅创领（上海）股权投资基金合伙企业（有限合伙）（以下简称"弘毅创领"），上海孚烨股权投资合伙企业（有限合伙）（以下简称"孚烨投资"）等股东公开发行4.43亿股，作价131亿元购买其持有的巨人网络100%股权。

成立于2004年的巨人网络，系史玉柱第二次创业归来的开山之作，这位罕见的商界奇才在2007年将巨人网络推向美国纽交所。

上市之初的无限风光并没有得到延续。史玉柱走得并不顺心，巨人网络在美国资本市场并未获得良好的估值，市值大幅缩水达30%。

史玉柱萌生了退市回归中概股的想法，他走上了传统的中概股回归老路，私有化退市、拆除红筹架构。

或许也只有史玉柱才能有如此号召力。在这个过程中，包括柳传志和马云等在内的商业大佬们纷纷出手，及时的大手笔增资使得巨人网络顺利回归。

鼎晖孚远和孚烨投资其执行事务合伙人均为鼎晖百孚，而鼎晖百孚法定代表人为吴尚志。吴尚志系鼎晖投资创始人、董事长，业界尊称"老吴"，是著名的风险投资人。

公开资料显示，吴尚志生于1950年，现年65岁，比53岁的史玉柱还要年长12岁，两人均有闯荡华尔街的经历。

吴尚志浸淫美国华尔街多年，过去12年间，鼎晖投资了150多家企业，覆盖农业、互联网等诸多行业，其中30多家已经在国内外上市。蒙牛、奇虎360、美的等都是其得意之笔。

时代周报记者注意到，鼎晖孚远和孚烨投资似乎是专门为了巨人网络的回归而设立，两者分别成立于今年1月9日和6月9日，成立时间较短。

铼铕投资成立于2014年，其执行事务合伙人为马云和虞锋发起创立的云锋投资。虞锋为云锋基金发起人、主席，曾任华谊兄弟董事。

弘毅创领的执行事务合伙人为弘毅投资，背后是联想控股董事局主席柳传志在操持，柳传志与史玉柱结识多年，两人同为内地神秘超级富豪俱乐部"泰山会"会员。

早年史玉柱因巨人大厦创业失败后，作为泰山会"龙头"的柳传志曾出手搭救，此次巨人网络回归A股，柳传志再次伸手相助。

时代周报记者发现，上述吴尚志的鼎晖孚远和孚烨投资，以及马云的铼铕投资和柳传志的弘毅创领，分别选择在今年6月和9月对巨人网络进行增资。

吴尚志出手最阔绰，分别通过孚烨投资和鼎晖孚远，以共计32.04亿元的现金对巨人网络进行增资。两者合计持有巨人网络15.89%的股权。

铼铕投资则分3次以共计19.83亿元现金对巨人网络进行增资，持股10.34%。柳传志通过弘毅创领分别以现金人民币11.625亿元和5595.75万元，认缴巨人网络新增注册资本，持股7.94%。

巨人网络称，上述增资是为偿还GA在私有化，以及拆除红筹架构时所承担的相关债务和剩余资金需要等。

值得说道的是，柳传志的帮衬还不止于此。在当初史玉柱私有化巨人网络过程中，参与巨人私有化的财团中就包括柳传志领衔的弘毅投资等。

‖　充分放权七大金刚身家过亿

"一个公司不是人越多越好，而是越少越好。我应邀去芬兰SUPERCELL公司座谈，吓我一跳。这个年利润12亿美元的手游跨国公司，总共168人。"11月9日，史玉柱在微博上如此写道。

史玉柱的这席话，透露了他善于用人的心态。事实是，史玉柱早已退休赋闲，公司的事情都交由团队打理。

11月6日，巨人网络内部人士告诉时代周报记者，目前巨人网络的工作重心已经偏向手游业务，这是老史帮忙推动的一些架构的调整，不过退休至今，他很少参与公司的业务。

上述内部人士进一步指出，老史在退休前的两年，基本处于半退休状态，巨人网络的业务放手比较彻底，只在战略层面参与关注和把关，但对一些细节和战术层面的东西则战略撤退。

不过据上述内部人士透露，由于目前巨人网络马上要上市，老史也会"出山"参与推动一些事情，"毕竟他还是有经验，还是公司董事长"。

时代周报记者发现，在巨人网络的股权结构中，有上海中菫翊源投资咨询中心（有限合伙）（以下简称"中菫翊源"）的身影，这是巨人网络的员工持股平台，持有9.63%的股权。

中菫翊源成立于2014年3月15日，经过多次增资，今年7月7日，中菫翊源作出合伙人会议决议，同意纪学锋、刘伟等41名自然人作为有限合伙人入伙，原普通合伙人屈发兵变更为有限合伙人。中堇翊源的认缴出资额增至4.34亿元。

此外，上海澎腾投资合伙企业（有限合伙）（以下简称"澎腾投资"）也系巨人网络的员工持股平台，持有巨人网络8.63%的股权。

澎腾投资成立于2015年6月5日，注册资本2020.8942万元，共计有11名股东，这11人股东在中堇翊源的42人股东名单中均能找到。

此外，在中堇翊源和澎腾投资的股东名单中，分别有7名股东股权占比较高，其中刘伟在这两家PE中，分别持股21.28%和20.43%；汤敏分别持股5.36%和7.87%，屈发兵分别持股10.03%和5.11%，以及纪学锋分别持股25.70%和42.08%，彭程分别持股7.26%和10.21%，吴萌分别持股5.33%和4.09%，丁国强分别持股5.26%和5.11%。

时代周报记者注意到，这七大股东均是史玉柱创立巨人网络的"老臣"，其中刘伟、汤敏和屈发兵3人更是史玉柱的嫡系，有的甚至在20世纪90年代就同史在珠海创业。

纪学锋和丁国强均是在巨人网络创业初期加盟的，彼时史玉柱充分汲取过往的经验教训，大胆起用新人，而这也许与互联网科技公司的年轻特质有关。

纪学锋和丁国强现任巨人网络副总经理、制作人。此外，彭程曾是盛大网络《泡泡堂》产品经理。2010年加入巨人网络后，担任研发副总裁，负责《征途》系列游戏的管理和运营。

吴萌是巨人网络首位"85后"副总裁，曾任职于动网先锋，2012年加盟巨人网络，负责网页游戏产品规划及研发工作。

在当前回归中概股的情况下，巨人网络目前的估值为131亿元，对应的中堇翊源持有巨人网络9.63%股权，价值12.6153亿元。澎腾投资持有巨人网络8.63%股权，价值11.3053亿元。

由此可以计算出，上述七大股东分别在两家PE中持有股权的总共价值分别为：刘伟的股权价值4.99亿元，纪学锋的股权价值7.356亿元，汤敏的股权价值1.5亿元，屈发兵的股权价值1.8亿元，彭程的股权价值为2.07亿元，吴萌的股权价值1.13亿元，以及丁国强的股权价值1.24亿元。

‖　能源产业版图初见雏形

退休两年多以来，史玉柱基本淡出了很多公开场合，包括巨人集团的大多数内部员工，欲了解史玉柱的动向，都是通过他的新浪微博。

时代周报记者发现，史玉柱的微博大多与美食、美女以及旅行相关。事实上，号称已退休的史玉柱其实并不闲，近年来他在资本市场频频出手。

据时代周报记者不完全统计，史玉柱通过其旗下的巨人投资有限公司（以下简称"巨人投资"）、上海健特生命科技（以下简称"上海健特"）持有多家上市公司股权，横跨金融、互联网，传媒等产业。

截至目前，"巨人系"主要有四项业务：保健品、游戏、金融和能源。前两者不再赘言，第三项则是近几年来通过对中民投和民生银行的运作，而被世人所熟知。

史玉柱热衷于投资能源产业，但因其不属于巨人网络公司，很多产业外界无从知晓，显得不够透明。

自去年成立绿巨人能源有限公司后，史玉柱旗下的能源产业，并未有太多新的进展对外公布，但时代周报记者发现，史玉柱旗下的能源产业版图已初见雏形。

史玉柱涉足能源产业，依然是以上海为中心，在中国（上海）自由贸易试验区设立了绿巨人能源有限公司（以下简称"绿巨人能源"），这家公司成立于2014年7月5日，注册资本为4.99亿美元，法定代表人为程晨。

工商资料显示，绿巨人能源对外投资了两家公司，分别为内蒙古巨人大汗能源有限公司（以下简称"内蒙古大汗"），以及上海绿巨人爱爵能源科技有限公司（以下简称"爱爵能源"）。

爱爵能源成立于去年8月，注册资本为30亿元，由费拥军担任法定代表人和执行董事，陈恺担任监事。内蒙古大汗成立于去年10月，注册资本为2亿美元，法定代表人为程晨。

公开履历显示，程晨和费拥军均是史玉柱的"嫡系部队"，随着巨人集团的产业调整，费拥军和程晨俨然被史玉柱训练成了"多面手"，既卖得了保健品，又做得了网游，还懂得新能源。

时代周报记者独家调查发现，今年10月21日，史玉柱位于河北张家口市桥东区的绿巨人新能源有限公司（以下简称"绿巨人新能源"），在当地工商部门注册后悄然成立。

时代周报记者发现，这家公司注册资本达到了30亿元，经营范围为光伏发电项目的开发、投资、建设和经营管理，以及新能源科技、光电科技等。绿巨人新能源的法定代表人为费拥军，他同时还兼任总经理和执行董事。

在中投顾问研究员崔瑜看来，单从史玉柱创业投资过程来看，他似乎是一个相当激进的投资人，但是从他由实业家转变为资本家之后的一系列投资举措来看，史玉柱的投资风格很稳健，甚至可以说是保守，他在投资过程中，将投资退出机制通畅度放在收益之前，更倾向于投资变现能力强、风险较小的行业。

崔瑜告诉时代周报记者，与马云相比，史玉柱不会去考虑那些未来可能极具发展潜力但却处于亏损阶段的行业，他更偏好盈利模式已经成熟、能优化其财富的行业，且史玉柱的投资专注度相对马云更高。

如此看来，就不难理解史玉柱缘何对新能源产业如此倾心。史玉柱目前还是中民投董事兼副董事长。作为中国最大的民营投资公司，中民投自去年成立以来动作不断，其在能源板块也是动作连连。

中民投目前已成立了全资子公司中民新能投资有限公司（以下简称"中民新能"），注册资本金80亿元，是中民投在新能源领域的专业投资平台。

公开资料显示，这家公司的主营业务为新能源领域的项目开发、投资、建设和运营维护，涉及领域较广，"中民投拥有很好的广阔能源投资平台，未来史玉柱可以通过中民投来巩固自己的能源版图。"一名能源行业人士告诉时代周报记者。

（原文刊发于《时代周报》2015年11月10日 第361期）

富德张峻：从100元到4000亿元

文 /刘 伟

从不接受媒体采访，神秘而低调的潮汕富豪张峻，这次不得不面对媒体的聚焦。

2月22日，富德保险控股有限公司（以下简称"富德保险"）对外发布声明证实，经向公司董事长张峻先生家属了解，张峻正在协助有关部门进行调查，属于个人事务。

当问及因何事协助调查时，富德保险相关人士向时代周报记者表示："目前本公司、旗下企业及关联公司均未被调查或被要求协助调查，进一步说明此次张总协助调查属于个人原因，但目前尚不知晓。"不过，一位不愿具名的内部人士指出，张峻协助调查一事近期将有定论。

张峻近几年在资本市场长袖善舞，也被外界冠以"隐形富豪"等诸多称号，如今仅富德生命人寿管理的资产就超过4000亿元，2015年保费跻身前三甲，计划在五年内成为行业第一集团。

为人十分低调，从不接受媒体采访的张峻，他的故事多了一丝神秘色彩。"在20世纪80年代，张峻带着借来的100元到深圳创业，最初进入电子行业，而后转战地产。"一位熟悉张峻的人士告诉时代周报记者，在地产行业上行期，他却选择了去美国学习。也许因为家里十几个孩子，小时上不起学的经历，使他对学习机会更加珍惜。

行至2006年，张峻完成了其未来事业高峰的关键一跳。当时生命人寿初创期的股权结构开始频繁变动，张峻择机接盘，踏入保险业，并不断向手中集中股权，而初创股东则相继离开。张峻也在不断捋顺股权，组建新的管理层，并打造富德保险控股。

投资领域的高调与张峻的低调个性形成极大的反差。张峻通过寿险平台，在资本市场不断增持必美宜、金地集团、首钢资源、农产品、佳兆业集团、浦发银行、中煤能源等，形成了"金融＋地产＋能源"等投资版图。

|| 100元起家

保监会最新数据显示，富德生命人寿2015年规模保费达1652亿元，在行业中居于前三甲，仅位于老牌保险公司国寿与平安之后。对于这家2002年成立的保险公司，目前注册资本已达117.5亿元，寿险总资产已经超过4000亿元。

张峻是富德背后的掌舵者，这位深圳隐形富商，经历了从100元创业到管理上千亿资产的过程。正如天将降大任，必将苦其心志。张峻在创业前经历了十分艰苦的岁月。

"生在普宁农村，家里兄弟姐妹十几个，排行在中间的张峻，在上中学前甚至从未穿过一双新鞋子。"记者多方采访，一位熟悉张峻的人士对时代周报记者讲述道："这样的经历让张峻非常珍惜学习机会，因为家庭条件原因，他只上完初中。"

在1985年前后，100元已是不小的数目，张峻来到深圳开启创业，最初从事收音机、录音机等电子产品的加工。据媒体报道称，1991年8月23日，一家名为粤宝永发公司的法人代表发生变更，由李孟贵变更为张仲整，此人正是张峻的哥哥，彼时张峻尚未改名，叫"张仲俊"。

在1992年，粤宝永发分别设立了两家公司——深圳熊猫电子工业公司 (持股94%)及深圳粤兴电子有限公司 (持股15%)。正值邓小平南方视察时期，各地也掀起了下海创业潮。

从电子生意淘到第一桶金后，1996年张峻转战房地产行业。1996年 2月，粤兴电子更名为深圳新亚洲实业发展有限公司（下称"新亚洲实业"），该公司的香港控股公司——香港金坚电子也相应更名为香港新亚洲集团，公司法人代表、董事长张仲俊改名为 张峻，记者查询企业公开信息发现，深圳新亚洲实业另一出资人为深圳市铖 兴泰投资有限公司，由自然人张庆龙控股。

同年12月23日，新亚洲实业注册资本增资至1亿元，经营范围在原有生产录音机等电子设备之外，增加了房地产开发及物业管理。张峻在20世纪90年代，房地产行业盈利空间被一致看好时，选择去美国留学，据介绍，他在美国三年主要学习企业管理以及一些金融方面的知识。

"在房地产行业很赚钱的时候，他选择出国学习，让我们这些身边人都不太理解，或许是因为他的成长环境关系，让他对学习机会更加珍惜。"上述了解张峻人士指出。

"张峻的学习能力很强，能够抓住重点，如从保险行业不了解到精通，仅用了一年多时间。"该人士补充道。在房地产领域，从2001年起，张峻的公司先后推出了新亚洲花园、新亚洲广场等楼盘，不过，张峻未能在房地产界崭露锋芒。

｜｜　改写生命人寿

行至2006年，张峻迈入保险业大门，成为其未来事业高峰的关键一跳。

当时生命人寿初创期的股权结构开始频繁变动，张峻择机接盘。生命人寿2002年创立之初，共有8个股东，首钢总公司、广东省国资委旗下的广晟资产经营、郑裕彤家族控制的武汉武新实业等四家企业并列第一大股东。

2006年4月，经保监会批复，广晟资产经营将持有的9.94%股份转让给张峻控制的深圳市国利投资发展有限公司（以下简称"深圳国利"），该公司正是现富德生命人寿第一股东——深圳市富德金融投资控股有限公司（以下简称"富德金融控股"）的前身，张峻为其法人代表。

2007年，生命人寿创始股东之一瑞德实业发展(合升实业发展2006年更名)也将其持有的9.28%股份转让，受让方为深圳市铖业投资发展。目前，富德生命的股东中，铖业投资发展并未列，不过2011年1月，保监会一则批复显示，在增资后，铖业投资发展为生命人寿第二大股东，持股比例15.68%。同在2007年，广晟资产经营又将剩余的3.31%股份转让，受让方为深圳市洲际通商投资。时代周报记者查询，洲际通商投资的法人代表为王晓媛，经营业务包括实业、进出口、经济信息咨询，其注册资本为20亿元，出资方分别为陕西天成伟业贸易有限公司与杭州量化科技有限公司，并未显示与张峻有明显交集。

随着张峻成为深圳系企业在生命人寿的代表，生命人寿的命运也由此被慢慢改写。张峻代表股东进入生命人寿以后，起初担任副董事长一职，在2008年，张峻走到台前，担任生命人寿董事长一职，并主导生命人寿迁址南下，而将总部迁往深圳也成为生命人寿历史的转折。

2009年底，张峻请出新华老将杨智呈，当时担任总精算师一职，2010年则出任总经理，与之同被称为老新华"铁三角"的赵子良、高焕利同期加入生命人寿，均担任副总经理一职，二人在2012年从生命人寿辞职。

杨智呈最早将英式保额分红保险引入国内市场，被称为我国保额分红险之父，而今保额分红险同样是富德生命的主打。2011年之后，张峻继续强化对生命人寿的持股，例如通过盈德置地等受让部分股权，并通过增资等手段提高持股比例。

至2014年底，富德生命人寿的9个股东中，5家为深圳当地企业，其中作为第一大股东的富德金融控股（持股20%）实际控制人仍然为张峻，富德金融控股的出资人为富德控股集团，富德控股集团又由张峻及其配偶陶美萦共同持股99%。

作为第四大股东的深圳市盈德置地有限公司（持股比例约15.27%），其法人代表为谢培艳，经营范围包括实业、地产与园林等，其出资人为深圳市正大厚德产业投资有限公司，该公司的出资人正是上文所提及的深圳新亚洲实业。

目前时代周报记者查明的由张峻控制的富德生命的股权超过35%，其他深圳系企业出资人未显示出与张峻的直接联系。

在这一阶段，生命人寿的保费规模基本保持攀升。2010—2014年，其规模保费分别为153.2亿元、233.7亿元、244.9亿元、708亿元、695亿元。

|| 生命人寿瞄准第一梯队

行至2014年，生命人寿再度迎来转折。张峻开启集团化战略，生命人寿于2014年4月，更名为富德生命人寿保险股份有限公司。同年7月，保监会正式公布批复富德保险控股股份有限公司筹建，富德生命将成为其子公司。由此，打破了太平人寿变更为集团以后，五年无保险集团获批的空白。2015年6月，保监会核准富德保险控股集团开业，张峻辞去生命人寿董事长，担任富德保险控股董事长，曾有寿险监管经历的方力接棒富德生命人寿董事长一职。

富德保险控股跻身国内第11家保险集团，旗下集中了寿险、产险、资管、富德保险销售等多个子公司。而借助保险资金投资渠道的拓宽，张峻手中的寿险牌照，不断为其投资提供着现金流。

2015年，富德生命人寿保费规模达到1652亿元，居于行业第三位，就在今年开门红期间至2月21日，富德生命取得保费收入900亿元，已经超过去年全年的一半。

与新华等上市公司缩减银保规模不同，富德生命今年首月银保便突破400亿元，居于行业第一的位置，银保总规模保费同比增长522%。

富德生命人寿董事长方力在公司近期的一个内部会议上，提出了未来五年的目标，即"全面进军第一集团，打造一流行业标杆"，对于如何实现，她则给出了"趸期双飞，短长并举；量价齐升，内外兼修"十六字方针。

对于大部分中小险企而言，在前期发展中，更倾向于借助万能险、分红险来做大规模，在取得一定行业话语权后会进行相应的结构调整。

富德生命也不例外，方力在讲话中透露，按新规划到2020年，公司续期保费将突破500亿元，是2015年的3倍。时代周报记者查阅保监会披露的2016年最新数据，今年1月，富德生命原保费规模409.5亿元，保户投资款新增缴费（以万能险、分红险为主）181亿元，去年同期其原保费与保户投资款新增缴费规模分别为57亿元、43亿元，可见万能险、分红险在其整体业务结构中占比有下调之势。

"今后公司也将更加注重期缴与趸缴业务的平衡。"对此，富德生命控股内部负责人指出，其实张峻很早便有进入第一梯队的目标，向国寿平安这样的公司看齐，而如今在整个业务发展上，张总更多是在大方向上把控，具体分支上张总会充分放权。

上述富德控股内部人士指出，"我们的战略很明确，那就是金融＋实业，金融是大金融的概念。"

在富德系集团化进程中，张峻对股权的集中从未放松。2015年12月23日，保监会一则批复显示，富德金融控股受让东京海上日动火灾保险株式会社和Tokyo Marine Asia Pte. Ltd.转让富德生命人寿10.57%的股份，由此两家外资股东正式撤出富德生命。

‖ 低调为人、高调举牌

张峻保持着潮汕人一贯的低调。从2006年进入公众视野以来，他从未回应媒体，即便是出席一些公开的活动。

时代周报记者曾联系富德生命一位管理层，表达想要采访张峻，得到的回复是，老板这么多年从未接受媒体采访。

据上述管理层介绍，小时候上不起学对张峻影响很大，张峻多年以来，坚持在普宁、河源、东北等地助学，但并不想对外宣扬。

就连2013年，生命人寿旗下全资能源企业——深圳市前海富德能源投资控股有限公司，成为深圳第一家领取新版营业执照的企业，媒体的报道中也鲜有提及生命人寿。

不过，富德系在资本市场近几年的动作却极为高调。特别是2013年以来，频繁举牌农产品、入主金地集团，成为舆论关注的焦点。

2014年以来，富德生命继续在资本市场长袖善舞，截至2014年4月，其已经成为金地集团的第一大股东，持股比例达到17.7%。但富德生命人寿并未就此止步，通过持续买进，继续巩固自己的第一大股东之位，到2014年10月，其在金地集团的持股比例达到 29.9%。

在买进金地集团的同时，富德生命人寿对农产品也大举加码，目前持股29.97%。此外，2014年3月以来，富德生命人寿多次举牌中煤能源等多家公司。

据不完全统计，富德生命人寿近年来股权投资约千亿元，涉及境内外资本市场十几家上市公司，包括招商银行、贵州茅台、五粮液等。截至目前，富德生命人寿已成为必美宜、金地集团、首钢资源等公司的第一大股东，分别持有29.99%、29.94%和29.04%的股份；同时富德生命人寿还是农产品、佳兆业集团、浦发银行、中煤能源等公司的第二大股东，分别持有29.97%、29.96%、20%和15%的股份。

对于富德生命人寿，最近最受关注的还是斥资600多亿元四度举牌浦发银行 ——2015年5月建仓浦发银行之后，8月底，富德生命人寿第一次举牌，此后又分别于9月、11月、12月三度举牌，累计持股比例达到20%，成为了浦发银行名义上的第一大股东，距浦发银行实际控制人上海市国资委，也仅有2.256%的持股差距。

投资市场的高频动作，也为其带来了可观的收益。年报数据显示，2013年生命人寿投资收益56.88亿元，占利润总额60.68亿元的93.7%，2014年，其投资收益增长到149.6亿元，是利润总额的4.87倍。

富德生命这一模式在保险行业被称为"投资带动"模式。即保险公司先在投资端找到资产质量较好、满足收益要求的项目，再通过保险端(负债端)的保费快速增长来实现资金的筹集。

富德控股负责人在采访中告诉时代周报记者，其实对于上述购买上市公司股权的行为，包括大家关注的浦发银行，都是进行财务投资，以满足保险资金长期的资产配置需求。

"每个公司的路径不可能完全相同，如果擅长投资，扩大这优势无可厚非。"北京一家保险资管负责人在接受时代周报记者采访时称，一方面，富德生命肯定有财务投资上的考虑。但从更长远的眼光来看，不排除其要借助股权投资，进行相关产业链的布局。

事实上，时代周报记者注意到，在金融领域，除了保险，张峻已经把触角伸到银行、信托这两个牌照稀缺的行业，除了浦发银行。早在去年年初，富德生命人寿入驻国民信托的消息已经传出，但双方均未对外表态，去年3月国民信托集中变更了股东信息，而这一做法并不符合银临会对于信托公司股权转让的要求，到目前银监部门对此未批复，在2015年8月21日，保监会批复称，原则同意富德生命通过受让方式收购国民信托93.44%的股权。

值得一提的是，信托牌照与保险类似，也被看做是全能牌照，可以横跨货币市场、资本市场与实业投资。

在实业领域，富德系持股多家地产以及能源公司，地产如金地集团、佳兆业，能源如首钢资源、中煤能源等。此外，从公开报道显示，张峻旗下富德系在能源方面同样坚持大手笔，先后在江苏、东北等多地投资能源项目，且主要是张峻出面推动。

如2011年，吉林省松原市政府与深圳市富德控股有限公司董事长张峻签订40万吨烯烃的项目合同，富德控股投资40亿元。2012年9月24日，富德系与吉林大学就页岩油气勘探开发签订了战略合作协议。在长春市招商引资项目中，富德系3个资目共出资90亿元，其中包括一个能源项目。

（原文刊发于《时代周报》2016年3月1日第377期）

第五章

新金融

十年来，互联网科技颠覆了传统社交，重塑了交通运输，而新金融的崛起，则是互联网科技对传统金融行业的颠覆和塑造。

新金融是指运用了新思想、新技术、新模式的金融业态，它展示了创新模式下中国的金融力量。在新金融时代，金融将会更加深度地影响普通人的生活。但另一方面，从P2P、互联网金融、比特币，再到当下的"网红"区块链，这些新金融词汇所暗示的暴富效应往往令人们趋之若鹜，新金融在高歌猛进的同时，又聚集了巨大的风险。

当前，新金融的风险整治已经取得积极成效。在金融严监管态势下，风清气正的金融创新氛围愈发浓厚，新金融逐步迎来高质量发展的新时代。

微金融元年P2P小额信贷井喷

文/陆 玲

编者按

2011年，是中国微金融元年。起步于小额贷款，借助创新和科技的力量，中国新金融进入了波澜壮阔的发展时期。回顾时代周报的这篇报道，对于审视新金融的当下处境仍具现实意义。

"只要点点鼠标。就可以将多余的闲钱捐给远在内蒙古的农村妇女，支持她的养牛事业。想象她有能力去买一头牛，等到牛产出的时候，再还钱，牛不断产出，她就有钱供孩子上学。就是一点小钱，却改变地球另一端一个人的生活。"

这是一个小额贷款的典型故事，也是两位美国女孩魏可欣与孟康妮最初创办"我开"时简单的梦想。她们也是中国P2P（个人对个人）小额扶贫贷款模式的首位倡导者。6月23日，在北新桥的九道弯中巷1号胡同的一个四合院里，"我开"正式宣布了和中国人口福利基金会的合作，开通人民币捐款业务。至此，这个注册在奥克兰的美国民间公益组织终于落地中国。

　　"其实这个市场真的很大，这个事业也真的很有意义，但就是很难找到真正愿意做这份事业的人，如果你有认识的人的话，多多推荐。"7月5日，时代周报记者见到的"我开"CEO魏可欣一脸苦恼，"找一个营销总监都找三个月了"。其实，除了"我开"，还有许多小贷公司着急招人。近日刚去万穗小额贷款公司任董事长的张化桥亦在微博上发了主题为"张化桥诚聘导师"的英雄帖。

　　其实，这正反映了目前小额贷款公司的现状。随着国务院"新36条"鼓励民间资本进入金融领域，越来越多的P2P信贷平台涌现出来。加上CPI一路高企以及信贷政策的持续收紧，P2P信贷平台出现井喷的同时也面临着相关人才的极度匮乏。

‖　小贷不小

　　与张化桥所在的实体小额贷款公司不同，"我开"实质是一种P2P个人贷款服务平台——即通过发布借贷信息，促成借贷双方配对，并从中收取一定的中介费用。当然，"我开"不是商业意义上的，而是一种福利性质的NGO组织。

　　自1993年，诺贝尔奖获得者孟加拉经济学家穆罕默德·尤努斯一手创建了小额贷款银行格莱珉银行，提出穷人无需抵押即可贷款的概念以来，小额信贷开始在磕磕绊绊中发展起来。2005年开始，随着第一家网上互助借贷平台Zopa在英国伦敦创立，这种机构组织借助网络逐步发展成P2P（个人对个人）的借贷网站。最著名的是2006年2月成立的美国第一家网上借贷平台Prosper.com，截至去年底注册用户超过90万，累计交易量8.1亿美元。

　　2006年，"尤努斯学徒"唐宁创办的宜信是国内最早的P2P信贷模式探索者。宜信最早从面对工薪阶层的培训开始，目前已经发展为小企业主、贫困农户、大学生、工薪阶层等借款人相对齐全的平台。唐宁曾反复向媒体强调，宜信不是小额贷款公司。小额贷款公司主要满足的是贷款资金在几十万到几百万之间的中小企业的需求，那么几千到几万的资金筹措谁来做，宜信定位在这个层级。

宜信之后，陆续兴起了许多定位农户、小企业主、创业者等不同微小市场的P2P公司，诸如贷帮、红岭创投、速贷邦、芝麻贷、拍拍贷、数银在线等。

"这个市场发展快得惊人"，起步于浙江省民间资金、定位中小企业主的杭州速贷邦总裁叶振告诉时代周报记者，速贷邦自去年成立，短短不到一年的时间内，迅速发展到月出借金额超过3000万元，借款余额突破1亿元。据其介绍，截至6月，除杭州总公司外，速贷邦已经分别在浙江丽水、台州、上海、宁波等地设分公司，预计至2011年年底速贷邦资金配对额将达10亿元。

相较中小企业主，农户是尚待开发的更大的市场。贷帮作为专注于农户小额贷款的机构，已经发展了四年。贷帮乡村发展计划创始人尹飞告诉时代周报记者，"王岐山副总理说，小银行越来越往大银行发展，不愿意给农户贷款，不愿意到猪圈闻臭味。但我们这些农村小额信贷机构去。"现在小贷公司有三千多家，但真正服务农户的少之又少。

"这个市场很大，大家各做各的市场，现在根本谈不上竞争。"宜信公关总监李玉英告诉时代周报记者。诚然，如贷帮尹飞所说，这个行业也终将有"涅槃重生"的一天。

|| 风控难题

时代周报记者在采访中必问的一个共同问题是：你们的还款率是多少？如何解决风控的问题？

要知道，在欧美等国做P2P信贷机构很简单，因其个人信用体系非常透明。比如Prosper，要求借款人在网站注册时，提供美国合法公民身份证明，超过520分的个人信用评分记录，并填写一系列个人情况，Prosper就可以根据这些材料对借款人进行信用评级。

但目前国内的信用体系尚处于初建阶段，P2P机构又不如银行，其只扮演桥梁的角色，如何在信用评级的审核上把关则是软肋。

"其实拿宜信来说，国内经过这几年的发展，已经摸索了一套自己的模式。"宜信公关总监李玉英告诉时代周报记者，首先在对借款申请人进行相对严格的信息审核时，逐步筛选出在未来不太长的时间里，具备一定还款能力的申请人。一般申请通过率只在百分之几。因此，"出现坏账的几率很小，因为借款人也不会为了这笔小钱来破坏自己的信用。"

李玉英介绍，目前宜信的坏账率低于2%。"公司设立一个风险管理账户，提取贷款额的2%作为风险资金，一旦有违约情况发生，这笔资金将先行赔付。为了防范风险，我们也会建议放贷人分散投资，将鸡蛋放在不同的篮子里。"

用宜信公司CEO唐宁的话，宜信只是一个平台，提供个人对个人的借贷平台。而对于平台而言，只需做好两方面：一是对接关系，二是信用管理和风险控制。李玉英告诉时代周报记者，宜信目前正在和央行等相关部门接洽，争取进入央行的征信系统。目前只是小额信贷联盟会员单位内部的黑名单共享，但还是远远不够，没有足够的约束体制。据时代周报记者了解，宜信近日将与"中国零售信贷风险管理行业的领袖"费埃哲合作，后者负责打造宜信目前的信用管理体制。

作为专注于农户贷款的贷帮，在风险控制方面，借鉴尤努斯发明的信用方式，实行"五户联保"，五个人自然选择，相互督促和担保还款，采取捆绑信用、相互制约的方式，以确保本金和利息的回收。而且贷帮专门培养自己的信贷员到一线去辅导。据尹飞介绍，目前贷帮能保证99%以上的还款率。

"我开"和宜信旗下的爱心信贷助农项目宜农贷则是选择与当地的扶贫小额信贷机构合作。宜信选择的是当地的妇女发展协会以及扶贫经济合作社等组织。魏可欣选择了3家NGO小额信贷组织中的2家：四川省仪陇县乡村发展协会（ARDY）和内蒙古昭乌达妇女可持续发展协会（CZWS—DA）。钱到达农户手中后，每三个月"我开"的实地合作机构都会派出专人前往借款人家中跟踪钱的使用状况。据魏可欣介绍，其还款率在99.5%以上。

|| 监管缺位

随着P2P民间借贷业务的公司越来越多，其监管缺位的问题越来越被提起和重视。在时代周报记者采访中，李玉英反复强调，宜信是一家金融服务公司。

银监会方面有关人士此前已明确对媒体表示，此类业务不在其监管范围之内。由于网站和咨询业务不属于金融机构，同时，国家对于民间借贷中介还没有一个明确的界定，所以并没有将其纳入监管范围，存在一定的监管空白。

速贷邦联席总裁徐建军向时代周报记者讲述了其与相关主管部门的沟通。因速贷邦P2P的模式，相关主管机构并不熟悉。在一次赴省金融办处理业务时，就速贷商业模式交流之中，众人由疑惑、疑问，最后演变成大讨论，原本半小时的汇报延至一个半小时。在各个监管部门的问号全拉直了。末了，金融办某官员说了句：好好做，莫触线，会大成。

因为无法确定监管，所以目前P2P小额信贷领域亦是良莠不齐，骗子很多。李玉英告诉时代周报记者，P2P这两年发展很快，有很多后起的公司在模仿宜信的模式，但其相关的风险控制以及信用管理并不是一时能跟上的，坏账很高。速贷邦总裁叶振告诉记者，在速贷邦规范民间借贷并压低利率后，相当多的民间借贷机构也效仿，甚至提的广告口号都一样。

据悉，中国小额信贷机构联席会秘书长焦瑾璞在听说"P2P小贷公司已经发展如此迅速，将P2P模式作为一种理财产品来推销"时，感到吃惊和担忧。如果资金链断了怎么办？

此外，如何面对非法集资的质疑以及如何防止洗钱，借出人资金是否会在其银行账号预存期内被截留？尽管速贷邦称，他们规避的途径就是"钱不经手"，直接进行借款人和出资人的信息登记、资金匹配以及安排双方见面等。钱直接从出借人账户打到借款人账户。赚的是"中介服务费"，并非利差。宜信亦称，则是将借出人的钱直接存入包括银行托管账号、支付宝、财付通等第三方的"口袋"。但疑问从没间断。

中央财经大学银行业研究中心主任郭田勇认为，这种新型的借贷模式意味着 P2P 业务网站已经类同于银行、信托等金融机构的功能，应该取得监管部门的批准。特别是随着网络技术的兴起，我国的金融监管当局更需将其纳入监管范围。否则，不仅会影响资金安全，如果民间资金大量通过这种渠道流转，国家却无从统计和掌握。

在尹飞看来，国内小额贷款运营的法律环境并不好，民间想在金融创新方面有所贡献，非常艰难，必须得在缝隙中求创新。"此外，小贷行业发展另外一个最大瓶颈是人才。小贷面向小企业、个体户和农户，属于劳动密集型的服务业，需要数百万从业者。目前传统银行业的就业人员是数百万，而小贷业才几万人，严重供不应求。近日，张化桥等顶尖人才的加盟示范意义巨大。今年可能被认为是小贷行业启动大发展的元年。"

（原文刊发于《时代周报》2011年7月11日第137期）

阿里构建金融帝国，马云要革银行的命

文/王　刚

　　"今天阿里巴巴做的金融业务不是改革，而是一场革命，一场金融的革命。"在2月25日阿里金融的开年会议上，阿里巴巴集团董事局主席兼CEO马云如是说。

　　为了进一步整合旗下金融业务，2月22日，阿里集团对支付宝和阿里金融进行架构调整，支付宝拆分为共享平台事业群、国内事业群、国际事业群，和原来的阿里金融（现为阿里金融事业群）一起构成阿里集团全新的业务板块。

　　至此，阿里的金融业务已经涵盖支付、小贷、担保以及保险业务，马云在完成电商平台的建设后开始全面挺进金融领域。

　　除了阿里外，腾讯、京东商城等互联网巨头纷纷希望在互联网金融领域谋得一席之地。毫无疑问，新兴的互联网金融模式正在对传统的银行产生冲击，那些金融界的巨擘还会坐以待毙吗？

　　在现有监管体制下，阿里的金融业务能走多远、能长多大还不得而知。不过马云的梦想却很宏伟，他说，阿里做金融就是要用互联网的思想和技术去解决问题和支撑中国未来金融体系的重建。而对于阿里金融业务和传统金融机构之间的关系，他认为，阿里金融并非要推翻传统金融机构，而是要摇一摇，让他们的楼更坚固。

II　阿里金融融合支付宝

今年1月，阿里集团架构大调整，将原来七大事业群拆分为25个事业部，但并未涉及阿里金融和支付宝。

不过很快，支付宝的一份内部邮件就显示，阿里将支付宝一拆为三，涉及内部支持的部门，包括技术、安全、客服、资金结算、财务等统一归属共享平台事业群；以对外合作为主的部门，如商户、B2C、无线、航旅等则归属国内事业群；原支付宝线下、跨境业务组成国际业务事业群。

人事方面，以上三个事业群分别由井贤栋、彭翼捷和樊路远任总裁。原来的阿里金融成为金融事业群，由胡晓明担任总裁。同时，彭蕾不再担任支付宝CEO，但上述金融业务仍由彭蕾统一负责，她同时还兼任阿里巴巴集团CPO。

阿里的此番调整被业界视为加快向互联网金融领域发力的重要一步，意味着支付宝和阿里金融未来将互联互通，并将用户体系、信用体系和支付结算体系进一步融合，形成一个体量巨大的"虚拟"金融机构。

阿里巴巴一位内部人士则对时代周报记者表示，互联网金融的"魅力"在于它的根基是互联网，而阿里金融最根基的还是互联网的海量数据和基于用户行为形成的信用体系，这些恰恰都是阿里系各个平台的优势。

五季咨询合伙人洪波则认为，阿里现在大力发展金融是水到渠成的事。"对阿里来说，传统的电子商务零售平台、涉及大数据的云计算以及金融业务这三块都是其重点业务。但金融业务不仅仅影响阿里，还要为电商平台上的商户服务，以它掌握的数据来说，已经超过中国任何一家信用卡发卡银行，想象空间更大，或许可以超越电商零售平台。"

"过去阿里金融是集团的一个部门，而支付宝是一家独立的公司，可能不会很好协调，所以现在人事和架构上的调整是必要的。"中央财经大学金融法研究所所长黄震对时代周报记者分析。

对于此番架构调整是否改变了阿里金融的股权关系，阿里集团官方并未披露。"阿里金融是属于集团的，股东结构和阿里集团是一样的，包括雅虎、日本软银和阿里管理层。而支付宝是一家独立的公司，马云独占80%股份。我不明白这次调整是否把阿里金融并入了支付宝？"洪波说。

至于此次调整是否会对阿里集团IPO产生影响，洪波认为影响不大，对马云来说阿里的电商零售平台业务很成熟，未来上市也以此为主。云计算和金融业务都需要长时间的较大投入，阿里金融产生较大收入需要很长时间及国家相关政策的调整。

支付宝和阿里金融架构调整后，就有分析人士指出，阿里金融的放贷额度受到资本金限制，而支付宝却有大量的沉淀资金。如果两者进一步融合，将在盘活沉淀资金、扩大放贷额度方面做出有益的尝试。

但这遭到支付宝公关总监陈亮的断然否认，他对时代周报记者表示，沉淀资金第一不能动，第二也不想动。"不存在利用沉淀资金获利的可能。事实上，现在支付宝推行快捷支付，这个产品从本质上就是不需要用户在账户里放钱。"

|| 阿里抢了银行的生意

在2012年的网商大会上，马云向包括时代周报记者在内的媒体道出了未来十年阿里巴巴的发展方向。马云称，阿里巴巴的下一个十年，将把重心由外向内，在自身组织架构的调整下，完成"三步走"战略：第一步，是阿里巴巴平台战略；第二步和第三步分别为金融战略和大数据的建设。

"由于网商规模发展快、资金需求比传统企业急且跨地域、诚信系统尚在建设之中等原因，银行目前尚难满足其需求。阿里巴巴希望通过合作，完成网商的资金借贷业务。"他说。如今，淘宝和天猫等阿里集团各平台的总交易额已经超过1万亿元，在电商平台的竞争中已经处于绝对领先地位。在外界看来，马云带领下的阿里集团是时候迈向其第二步——金融战略了。

其实早有布局。2008年3月，阿里巴巴就联合中国工商银行和中国建设银行，宣布向会员企业提供无需抵押的网络联保贷款。最终，阿里和建行在贷款利息分配上矛盾不断，此次合作以失败告终。但此次尝试让阿里构建了自身完整的信用评价体系和数据库，以及应对贷款风险的控制机制。

随后，阿里金融搭建了分别面向阿里巴巴B2B平台小微企业的阿里贷款业务群体，和面向淘宝、天猫平台上小微企业、个人创业者的淘宝贷款业务群体，并已经推出淘宝（天猫）信用贷款、淘宝（天猫）订单贷款、阿里信用贷款等微贷产品。

2010年6月，浙江阿里巴巴小额贷款股份有限公司正式成立，覆盖浙江、上海和江苏地区。随后阿里小贷继续扩大试点范围，向珠三角挺进。据阿里金融相关负责人葛瑞超介绍，2013年阿里小贷业务还将进入山东等环渤海地区。

葛瑞超对时代周报记者透露，截至2012年底，阿里金融累计服务的小微企业数量已经超过20万家，户均贷款金额为6.16万元。"我们只做100万元以下的贷款，以小为美。当阿里金融不能满足日益壮大的小微企业时，它们就会去银行融资。"

阿里金融为何抢了银行的生意？

在国家开发银行研究院副院长曹红辉看来，大银行遵循二八经济，对中小企业和消费者缺乏特殊关注。而小银行供给不足，因为市场准入严格。这就给了互联网公司开展金融服务的空间。

央行数据显示，在2012年只有8%的小微企业通过银行获得了贷款，一般是因为缺少抵押物或担保。而这恰恰是阿里金融的优势，据葛瑞超介绍，阿里金融发放贷款不需要企业提交任何担保和抵押，只会对企业的一些交易数据、信用数据进行征集，给出信用评级，然后决定授信额度。而且申请和审批都是在线完成的。

另外，跟银行相比，阿里金融业务最大的优势在于商户信用数据的积累。"为什么银行做不到信用放款？因为没有阿里这样的征信系统，这些商户要在其平台上赚钱生存，交易支付需要支付宝，离不开阿里。这些都是阿里做金融的基础。"黄震分析。

除了小贷业务外，阿里金融的业务还将扩展到担保、保险领域。据了解，其保险业务将由"三马"（阿里巴巴、中国平安、腾讯三家公司的掌门人马云、马明哲、马化腾）合创的"众安财险"公司来完成。该业务已在今年2月17日获得了保监会的正式批文，阿里巴巴为该公司最大股东。

‖ 4月推出信用支付业务

对于未来阿里金融和支付宝之间将如何协同，其官方对时代周报记者表示暂时不回应，过段时间会有新消息出来。

上述阿里巴巴内部人士对本报透露，支付宝和阿里金融同属一个金融板块后，以后的合作会越来越多。之前阿里金融的小微信贷业务也是基于支付宝提供的巨量商户数据，包括淘宝卖家的各种交易数据，如进货款项、与上下游商户的交易量、买家卖家的评价等。

虽然阿里集团三缄其口，但仍有双方已经开展合作的消息释放出来。时代周报记者从阿里金融获悉，其即将于4月份在湖南和浙江推出一项"信用支付"业务，属于消费信贷，该产品将在支付宝的平台上推行，使用支付宝的数据。

很显然，阿里已经将矛头指向传统银行的信用卡业务。该业务在授信还是收费模式上都与传统的信用卡没有太大区别。据悉，支付宝将根据用户交易数据进行授信，信用额度可用于在淘宝等购物支付，用户需要在还款日之前进行还款，最长可获得38天免息期。

而阿里金融已开始对相关数据进行收集和分析，主要包括注册时间长短、网上消费不良记录、实名认证、买家信用等级等核心指标，并根据用户的资质分成不同的层级，并决定最后的授信额度，最低为200元，最高可达5000元，相当于一张普通信用卡的透支额度。

此消息一出，便引出轩然大波，该产品甚至被外界解读为"虚拟信用卡"。

但阿里金融立马做出回应称，该产品是一种信用支付而非所谓的虚拟信用卡，而且仅限于用户在无线端使用，PC上尚无计划开展。信贷资金则源自合作银行。

对于此次架构调整中另外一位"主角"支付宝来说，其在业务布局和盈利模式拓展方面也在发生变化。未来，支付宝将是阿里巴巴布局金融业务的一个重要支点。

彭蕾在支付宝内部经常强调要多做一些跟华人购物相关的业务和产品。此番支付宝架构调整将国际单列成一个事业群，地位明显上升，这也预示着阿里集团电商国际化进程正在加快。另外，此次调整将无线部门划归到国内事业群，也意味着未来国内事业群要将无线化作为非常重要的目标。

据易观国际最新数据显示，支付宝在2012年国内第三方支付市场中仍占据46.6%的市场份额，远远领先于其他竞争对手。在包含远程在线支付、近场支付、手机刷卡支付等的手机支付市场中，支付宝的份额已经超过60%。支付宝副总裁樊治铭告诉时代周报记者，未来支付宝还会开发类似Square和Cardcase的产品。

除此之外，支付宝在2012年还宣布5亿元布局线下支付，计划3年内向市场投入6万台支付宝POS，同时也进入航旅和基金领域。

‖ 小贷业务切入金融业

阿里集团提及自己所做的金融业务时曾强调他们是在做"银行不愿做的事"。

从某种意义上来说，银行，尤其是工、农、中、建等大银行的确在小微贷款方面做得并不尽如人意。尽管近年来，在各方呼吁及国家政策的引导下，银行纷纷加大了在小微贷款方面的投入，但相对于巨大的需求来说仍显不够。小微信贷领域在中国便形成了一个巨大的市场空白。阿里正是看中了这块竞争尚不充分的蓝海。

然而，虽是蓝海，现在却已逐渐云集了各方力量。除了阿里这样来自金融行业之外的新兴力量，还有已浸淫其中数年的小额贷款公司。据央行日前发布的《2012年小额贷款公司数据统计报告》显示，截至2012年12月末，全国共有小额贷款公司6080家，贷款余额5921亿元，全年新增贷款2005亿元。

中小银行也在小微贷款业务加大了扩张力度。2012年4月，民生银行、包商银行、哈尔滨银行牵头联合了33家中小银行、保险、租赁等金融机构成立了"亚洲金融联盟"，其中一项重要目标就是联合联盟成员建立电子商务平台，发展多元化的微贷业务，与以阿里金融为代表的新兴金融体分庭抗礼。

而大银行似乎也并不认同阿里金融所做的事是"他们所不愿做的"。

"一方面，现在银行信贷额度吃紧，需求却很大，没有精力兼顾那么多中小企业。另一方面，小贷的收益率虽高，但却有灰色地带特征，在操作的合法合规性上也值得商榷。最近巴曙松转了一条微博，某地方的小额贷款公司把不还钱的人关在狗笼子里，所以他们几乎没有呆坏账。这种事情银行能做吗？"兴业银行首席经济学家鲁政委在接受时代周报记者采访时表示。

鲁政委同时表示，在支付业务方面，银行也一直在努力。

"从支付宝的发展历史来看，它最初是通过和各大银行合作才促成了今天这样庞大的网上支付规模。所以银行不是不愿意做这些事，实际上银行一直在致力于用IT和互联网技术努力改善用户体验，并且拓展这方面的客户群。但这需要一个过程，因为银行毕竟不是从互联网服务起家的。"

阿里刚开始做金融业务时，市场便有观点认为阿里在向传统银行挑战，并且最终要以小贷等业务切入金融业。

而鲁政委则认为市场夸大了阿里金融的影响力。"他取代不了银行，他现在只能对自己平台上的商户和注册用户放贷，但却不敢对其他人贷，因为他没有完善的数据库做支撑，他现有的信用系统仅限于自己的平台。"

此外，阿里金融要想做大也需要政策的放宽及支持。"金融行业一直是受到严格监管的，阿里金融的互联网经营模式无疑会对现有政策提出挑战，未来在监管层面以及法律层面都需要面临多重考验。"鲁政委说。

　　作为一家小贷公司而非金融机构，阿里小贷要负担5.56%的营业税及附加税、25%的企业所得税，远远高于一般金融机构。同时，其放贷额度也受到严格控制。这些都影响了阿里小贷业务的盈利能力。对阿里金融来说，前面还有一条很长的路要走。

（原文刊发于《时代周报》2013年3月8日第223期）

不变则亡：马明哲豪赌互联网金融

文/柯智华

"平安这么大规模、这么大市值的公司，完全有能力去做这样的事(互联网金融投资)。"中国平安保险(集团)股份有限公司(下称"中国平安")董事长兼首席执行官马明哲接受时代周报记者采访时说。

1月16日，被马明哲称为"拳头产品"的壹钱包上线内测。与此同时，在上海陆家嘴环路1333号的会议室里，马明哲首次揭开了"1333"平安社交金融战略的面纱。

"1333"战略是指中国平安依托1个钱包——壹钱包，实现三大功能：管理财富、管理健康、管理生活；覆盖三层用户：平安员工、平安客户、社会大众；历经三个阶段：基础整合、金融整合、服务整合；以及逐步退出333项生活场景应用。

这宣告着传统的金融公司中国平安正式大举加入时下最热的互联网金融争斗中。

2013年下半年开始，互联网金融成为业内炙手可热的话题，但是对于这样一个新生事物的模式和盈利，业内仍在探索之中。

众所周知的是，互联网是一个"不问盈利只管烧钱的行当"，而这对于先问利润后讲投资的传统金融业来说，显然是一个挑战。

"互联网肯定会改变经济、文化、各行各业，当然给金融业带来了很大的变革。我用的词是change or die。"马明哲说。

不过，马明哲并未向时代周报记者透露中国平安在互联网金融和传统金融上各自的投入比例，仅表示"在预算之内"；同时也没有给出互联网金融路径的盈利时间表。

但他在1月16日的小型媒体沟通会上多次强调"在互联网金融上，平安是一个新来的小伙伴，我们要向BAT(百度、阿里巴巴和腾讯)前辈们学习。"

‖ 三个判断

尽管马明哲称1月16日的媒体小型发布会"不是产品发布会，也不是新闻发布会"，但是这场媒体沟通会的阵容不可谓不强大，除了马明哲以及平安总经理任汇川外，还有被马明哲称为平安互联网金融的"五虎将"。

这也是平安互联网金融核心团队的首次集体公开亮相，分别为平安集团首席运营官兼首席信息执行官陈心颖、陆金所董事长计葵生、平安付董事长王洁凤、平安健康险董事长王涛和平安金融科技董事长吴世雄。

而在场外，壹钱包原本预计10万的流量，结果在半天时间里达到了百万级的流量，造成的"堵车"迫使平安在后台进行管控调整。

"作为传统金融中的巨头，中国平安推壹钱包，大家都非常关注。想看看究竟是怎么一个东西，从初步体验来说，没有什么特别亮点。"支付宝某位在当天下载了壹钱包的人士说。

实际上，壹钱包的推出源自于马明哲的预测。

马明哲说，10年内60%以上的现金和信用卡会被取代。另外两个预测是，15年内大部分中小金融机构的前台由互联网企业和非金融企业来代替，以及金融机构网点的前台，将会走向小型化、社区化、智能化和多元化。

"目前台湾的利差是1.97，香港是1.53，中国现在还有2~3个百分点，我们现在主要的利润还是在利差，因此可以支持金融前台和机构网点的成本，当特别像互联网出来之后，竞争到一定程度的时候，利润缩窄的时候金融机构必须走这条路，迫于无奈，不得不走这条路。"马明哲分析说。

上述判断使得中国平安坚持"两条腿走路"：一方面传统金融业务落实"金融超市，客户迁徙"，推进"一个客户，一个账户，多个产品，一站式服务"模式，推动保险客户迁徙到银行和资产管理，同时推动传统金融业务互联网化。

另一方面，平安推行互联网金融，将金融嵌入到医、食、住、行、玩当中。"平安的互联网金融将着力打造三大功能。第一个是管理财富；第二个是管理健康；第三个是管理生活。"

管理财富被马明哲称为赚钱、省钱和借钱。

其中赚钱指购买陆金所、银行、证券理财产品，省钱指积分抵现、消费返还和商圈折扣等；借钱指信用支付、无卡消费和小额贷款等。

管理健康则主要是通过平安进行健康保险和健康服务的产品研发以及医疗网络服务平台搭建，构建新型健康产业链。

而生活管理的具体应用平台包括医建通、壹钱包、万里通、平安好车和平安好房等。

‖ 社交金融

在互联网金融中，一个被大多数人认可的看法是，从互联网到金融更为容易，而从金融延伸到互联网则更为困难。这也是为什么在2013年余额宝诞生之后的迅速发展被视为支付宝的胜利，而非天弘基金的胜利。

实际上，如腾讯、阿里巴巴等互联网企业做互联网金融均有积淀的海量流量作为基础，而平安在这一方面刚好是短板。那么，平安做互联网金融的底气何在呢？

"有些媒体报道马明哲和马云、马化腾干起来了，其实不是的，我们都是好朋友，我跟他们讲，腾讯有腾讯的特点，阿里有阿里的特点，平安有平安的特点。腾讯他是从社交通讯开始，到游戏，逐渐进入到各行各业一直到金融。阿里从电商开始逐渐到各行各业一直到金融。平安呢?在这两个金融支柱上，我们是立足于金融的，我们要做社交金融。"

马明哲进一步说，做到社交金融第一个源自平安25年综合金融的经验积累，第二个对消费者的深度理解，最后则是对现代科技的把握和应用。

更重要的或是平安拥有的海量员工和客户。

"从80万的平安人开始。当我们自己都觉得这个东西很好用很方便了，再逐步推向8000万的平安客户。我们的基础不是先从大众开始，从自己开始，然后推向8000万的平安客户，然后再逐步推向社会。"马明哲说。

在平安的"金融社交"中，尤其值得一提的是壹钱包。"壹钱包是平安的五大门户之一，其作用在于，帮助平安其他四大门户的每个生活场景，比如万里通、一账通或者医健通等提供支付的服务。"王洁凤说。

王洁凤进一步说："壹钱包有5大功能：赚钱、省钱、花钱、借钱、聊天。它可以理财，余额增值;借钱是指移动小额信用卡——先消费，再付款等。现在的壹钱包背后已和万里通、天下通打通了，像聊天社交功能就是建立在天下通之上。接下来，我们会把陆金所的产品放到钱包里面。"

"有些朋友问平安最大的优势在哪里呢?有两点，第一个是战略，第二个是文化，平安做事情和互联网公司有一点点区别，我们看到了方向在哪里，然后我再挖地道过去，那么互联网的公司他开始就是说不管东西南北向撞墙撞出来，所以唯一的差别，我们会考虑多看几步，有感觉了再往前走。"马明哲说。

‖ 投入产出

在平安大举推进互联网金融的另一方面，业内亦在担心烧钱的互联网业务一旦失败怎么办?这也是业内对平安大举进入互联网金融持观望态度的原因。

"传统金融都是先看盈利模式看利润，看不到利润就不会投资;而互联网第一个考虑的肯定不是能否赚钱。"某机构人士说。

那么，作为金融巨头平安又是如何对待互联网金融业务这个尚不清晰的风险呢？

马明哲说，15年前我们做综合金融的时候，也有很多人讲首先把保险做好再做综合金融，今天我们回头看看，我们保险每个公司都是行业增长最好的，质量最好的，金融也做好了。我在管理上比较喜欢讲因果关系，今天的果是过去5—10年前种的因，今天种的因又是5—10年之后的果。你必须下种种树，你不种树就没有未来，平安的战略是赢在未来。

第二个方面则是平安已经建立一套完整的风控体系。

"从2003年引入汇丰银行做我们第一大股东，到2013年汇丰退出，汇丰做了我们整整10年的股东。我们引入汇丰最大的好处就是汇丰帮我们建立了一整套完善的风控体系。"马明哲在接受时代周报记者采访时说。

具体来说，中国平安作为一家控股公司，并不经营具体业务。

同时，各个子公司之间都有严格的风控和防火墙。"中国平安是发展中国家唯一入选了G-SII的机构，说明了国际对平安的认可。"马明哲称。

去年7月19日发布公告称，公司已入选G-SII，成为唯一入选该榜单的中国保险企业。保险领域的G-SIFI被视为全球保险业的"稳定器"。

据了解，GSII由国际保险监督官协会(International Association of Insurance Supervisors) 与金融稳定委员会(Financial Stability Board)共同公布的首批全球系统重要性保险机构(Global Systemically Important Insurers)榜单。全球系统重要性金融机构是指在金融市场中承担了关键功能，具有全球性特征的金融机构。

"如果说是一般的小型机构，可能会有现金流的风险。但是平安这么大市值的公司完全有能力去做这样的事(互联网金融)。"马明哲告诉时代周报记者，不过其并未给出平安的互联网金融盈利时间表。

（原文刊发于《时代周报》2014年1月24日第269、270期合刊）

阿里遭腾讯暗算，"双马"大战升级

文/王　刚　　刘雅奥楠（实习生）

"一个微信红包就超过支付宝8年干的事。"

微信红包推出数日后，有人便如此评价腾讯此举所取得的巨大成绩。马云也将此形容为如同"珍珠港偷袭"。此外，马云还暗示一些写"黑材料"的黑客正在对支付宝展开公关战。

由此可见，腾讯和阿里之间的关系再次紧张了起来。

微信支付和支付宝、微信和来往、腾讯电商和天猫等，两大巨头之间的战线越拉越长。尤其随着微信的强势崛起，则加剧了马云的担忧。这也就有了封杀微信、强推来往、攻入腾讯腹地开始做游戏、甚至可能联手360做安全等"好戏"。"开发团队将增加充手机话费、无卡提现等功能，方便没有绑卡，或者没有银行卡的用户提现。"2月初，腾讯新闻发言人张军在接受时代周报记者采访时表示。

移动互联网时代的来临让巨头之间不再泾渭分明而是相互渗透、攻伐不断，原有业务线边界变得越来越模糊。

如今腾讯的市值已经超过万亿港元，并力求基于微信打造全新的商业帝国，而阿里则处在赴港市场的关键时期。为此，谁也不会为对方留喘口气的机会，"阿Q大战"将会成为常态。

‖ 微信突袭"珍珠港"

1月26日，腾讯财付通在微信推出公众账号"新年红包"，用户关注该账号后，可以在微信中向好友发送或领取红包。

据时代周报记者观察，微信红包的操作并不复杂，关注"新年红包"账号后，微信用户可以两种形式发放红包："拼手气群红包"，用户设定好总金额以及红包个数之后，可以生成不同金额的红包；另一种则是普通的等额红包。抢到的红包还可以提现到用户绑定微信的银行卡上。

微信红包一经推出，就以病毒式的传播方式活跃在各个微信群中，并在除夕当夜全面爆发。

据财付通官方提供给时代周报的数据显示：除夕当天到初八，超过800万用户参与了红包活动，超过4000万个红包被领取，平均每人抢了4～5个红包。红包活动最高峰是除夕夜，最高峰期间的1分钟有2.5万个红包被领取，平均每个红包在10元内。

随着微信红包的火热，在春节期间便有消息称，"微信绑卡用户破亿、一个红包就超过支付宝8年干的事。"更有人形容微信红包为"携载核弹的B-52""黑死病席卷欧洲那般"。

其实，支付宝早在1月23日小年夜就推出了"发红包"和"讨彩头"功能，但却没能引发外界广泛关注，完全被微信红包的光芒所掩盖。究其原因，还是在于微信是基于强社交关系，更利于人群间的互动和扩散。

众所周知，红包此前是阿里巴巴才能"玩转"的事，每年"双十一"活动中，阿里都会推出抢红包、送红包、转移红包和红包分裂等。

稍感落寞的马云甚至将腾讯此举形容为如同"珍珠港偷袭"，虽然在短期获得了一定效果，但春节很快就会过去，让市场长期健康受益才最为重要。此外，马云还暗示一些写"黑材料"的黑客正在对支付宝展开公关战。

对此，微信红包负责人、腾讯财付通产品总监吴毅则对外公开表示，微信红包是财付通的一个小团队开发了10多天加班赶出来的一款春节应景作品，初衷是增加一些新年气氛。团队没想到会受到这么多关注。"外界说微信红包让微信支付用户一夜之间突破1亿这传得太夸张，恳请大家理性看待它的出现，微信支付才刚刚起步。"

据时代周报记者了解到，微信红包确实呈现出"冰火两重天"的发展态势：在科技圈和一线城市的年轻人当中非常火热，但在三、四线城市人群中发出去的红包甚至迟迟无人认领。

此外，财付通相关负责人还对时代周报表示，微信红包作为一种以前没有经历过的新型服务，也遇到了很多困难，比如：部分银行入账的批处理系统容量不足，导致春节长假期间处理拥堵；长假日应对用户红包转入银行卡到账时间有所延迟，需要和银行研讨扩容能力。

除去各种产品小缺陷和后台瘫痪等问题，不少用户仍然担心账户安全问题。但不可否认的是，微信红包此役毫无疑问是一次成功的商业推广，让更多的用户知道了微信支付的存在。

而针对马云暗示的微信支付发起对支付宝的公关战说法，一位腾讯高管对时代周报给予明确否认，并称马化腾已经在腾讯内部做了要求，一切只用产品说话，绝对不会去"黑"竞争对手。

‖ 移动支付正面决战

隐藏在微信红包背后的是微信支付想要虎口拔牙的决心。

拥有数亿用户的微信需要商业化，要重建一个类似于QQ的全新商业体系，支付自然是其中最为重要的环节。这让腾讯和阿里两大巨头公司最终走向正面对抗。

2013年8月，微信支付横空出世。在当时发布的微信5.0版本中，微信不再只是通讯工具，还可以购物、买车票、充话费、一键还款等，用户只需绑定一张银行卡。

在当时的采访中，财付通相关人士告诉时代周报记者，微信支付初步可实现的应用场景包括公众号支付、扫二维码支付和APP支付。首批上线的商户涵盖电子商务多个细分领域等，包括机票酒店预订、手机购买、电影票团购、交通卡充值等绝大部分品类的商品和服务，用户均可以通过微信支付购买及实现。

此后，微信支付就开始迅速拓展用户的应用场景，比如购买游戏道具、表情商店、彩票购买打车付款等，并推出了货币基金理财产品理财通。

除了红包大战外，打车付款和理财业务均是正面"对决"支付宝相关业务，被称为微信支付和支付宝之间的三大战役。

2014年初开始的打车软件嘀嘀打车和快的打车之间的激烈较量背后其实是各自投资方腾讯和阿里巴巴之间的对决。

微信支付和嘀嘀打车宣布在1月10日至2月10日期间，用户和司机使用微信支付交付打车费用，司机获奖励10元，每日50元封顶；乘客可减免10元的打车费，每日30元封顶。此外，每日还提供1万个乘客免单机会。此后，快的打车和支付宝钱包马上跟进联合宣布再投5亿元请全国人民"免费打车"。根据该奖励方案，只要乘客用支付宝钱包付打车款，乘客每单奖励10元，司机每单奖励15元。

时代周报记者从腾讯得到的数据显示，1月10日至2月9日，嘀嘀打车中平均每日微信支付订单数为70万单，微信支付总订单约为2100万单，补贴总额高达4亿元。双方宣布从2月0日零点开始，启动新一轮亮点为"无上限"的营销活动，使用微信支付打车费每单乘客立减5元、司机立奖5元。

而在理财业务方面，1月22日上线理财通时，腾讯方面就对外宣称，理财通7.394%的7日年化收益率在收益率方面远超支付宝余额宝。腾讯官方数据显示，理财通吸金超过8亿元。

微信支付的横空出世让支付宝颇感压力。

阿里小微国内事业群总裁樊治铭就表示，盲目迷恋微信是一种病，"用微信支付来比较，太小看支付宝！"此前，樊治铭在接受时代周报采访时就表示，不相信一个APP(微信)可以做到所有APP的功能，越是这样想越成功不了。

"微信的属性是信息交流工具，此前腾讯的财付通之所以没有做起来就是因为QQ号和微信号很容易被盗，安全问题不是花几个月时间就能解决掉，支付宝在安全方面已经积累了十年经验。光靠用户多不能解决问题，微信朋友圈已经是成为一个卖假货的阵地了。"樊治铭炮轰道。

而阿里小微金融服务集团CEO彭蕾则对时代周报表示，她更相信术业有专攻，每家公司都有它自己的基因，做游戏或者增值服务出身的公司跟阿里这种给社会打造信用体系的公司是不一样的。

在支付宝看来，其最大的优势是电商平台的基础、安全的积累，而且相比微信支付更加专业，金融属性更强。

除了不断发声炮轰外，支付宝方面显然加速了对微信支付的反制和"围剿"。

2月9日，支付宝推出第二款理财产品"元宵理财"，限定一年期限，但预期收益率达到7%，并承诺保本保底。而时代周报还从支付宝方面了解到，支付宝接下来还会推出"定期宝"，该产品定位90天以内的短期理财，而该产品也将具有比余额宝活期更高的收益率。

在打车付款业务方面，支付宝和快的打车宣布，乘客每单奖励10元的奖励政策不变。

此外，支付宝还对外公布了一系列数据，来显示自己"一哥"地位牢不可破。截至2013年底，支付宝实名制用户已达3亿，过去一年支付宝完成了125亿笔的支付，同时支付宝钱包用户突破1亿，2013年通过支付宝手机支付完成了超过27.8亿笔、超过9000亿元的支付，以此计算，支付宝已成为全球最大的移动支付公司。

时代周报从支付宝了解到，截至1月15日，余额宝的规模刚刚超过2500亿，用户数达到4900万。经过一个春节，截止到2月6日，余额宝的客户数已经超过6200万。

|| 捧杀微信支付

"外界过高评价微信支付，是有点捧杀的意思。其实微信支付真正的意义在于，让这个市场重新变得有了悬念。过去，人们认为支付市场的争夺已经结束了，主体就是支付宝，其他都是边边角角。"五季咨询合伙人洪波对时代周报称。

目前来看，尽管微信支付咄咄逼人，但支付宝的优势地位依然明显，在应用场景方面大大领先于微信支付。

在线上，支付宝联合新浪微博推出了微博支付；在移动端新版本的支付宝钱包中向第三方应用开发商开放账户体系，用户经由"支付宝钱包"的移动应用平台能直接进入商户界面购物。除此之外，支付宝还在拍卡支付、离线支付、声波支付等移动支付领域尝试颇多。在线下，支付宝钱包和淘点点正在构建O2O生态体系，新版支付宝为线下商家提供会员卡的发行渠道和会员维护渠道，来配合建立线下生态。

由此可以看出，支付宝希望提升用户黏性和金融属性来形成自身对微信支付的竞争壁垒。

"红包不可能天天抢，嘀嘀也不是人人打，基金更不可能永远破7，如果不把满足日常需求的应用场景做起来，微信支付也只能是停留在开通这个层面。"一位互联网分析人士认为，支付宝不仅仅能让买家和卖家不得不用，还能提供生活中所有可能需要缴费、转账服务的快捷通道。

"双方的差距在于积累，你说来往和微信的差距在哪里？支付宝多年来已经积攒下来大量消费类数据，以此来针对性地服务用户，这是微信支付短时间内无法超越的。"一位支付宝内部人士称。

洪波则对本报记者表示，支付宝更像是银行，吸纳用户的资金，希望用户通过一个账号去解决所有支付问题。而微信支付不是账号，是微信的一个功能，不像支付宝是一个独立的服务，只是微信商业闭环的一个环节。所以两者的定位是不一样的。

|| 阿里遭遇"釜底抽薪"

最近半年来，马云比较"火大"。阿里巴巴正值上市的关键时期，而微信却如燎原之火一般怎么都摁不住。

为此，马云强推"来往"以应对微信，宣称要将"企鹅"赶回南极；入股新浪微博，推进社会化电商；淘宝从数据接口切掉一切微信来源；做游戏平台，打击腾讯的命根；收购高德地图、扶持淘点点来布局O2O，打击新生的微信O2O。

以往巨头之间还算比较平静，轻易不开战。而这次的"阿Q之战"却被外界认为将会是一场世纪之战。

马云为何如此惧怕微信？以往阿里做电商、腾讯做社交和游戏，双方几乎是井水不犯河水。

在2013年底的WE大会上，马化腾对包括时代周报在内的媒体表示，未来的互联网是连接一切的世界。

而微信正在承担着这样的"重任"。目前的微信几乎无所不包，通讯、社交、游戏、电商和支付以及互联网金融应有尽有。

时代周报记者从腾讯内部了解到，微信店铺也将于近期上线，提供基于微信公众账号的店铺能力，打通PC端和移动端的店铺，并给商家提供优势资源和流量以及运营和服务的闭环功能。

另一方面，微信已经将箭头指向了本地生活服务和O2O领域。一位腾讯电商高管对时代周报宣称，本地服务市场规模十倍于实物电商，腾讯电商将基于微信平台在2014年主攻O2O领域。

有人如此形容微信对阿里的影响："微信对阿里，就像《三体》里的高维文明向低维文明投下一个二向箔，毁灭你但与你无关。"

"在移动互联网时代，用户购物仍然需要淘宝和支付宝，但其他方面可能就没阿里什么事情了，这让阿里感到紧张。用户在使用移动产品的时候，用户选择阿里的几率很低。"洪波认为。

在评论人士刘晓午看来，微信推出电商平台与支付功能，以使用频次高、为商家提供精准CRM、开放支付体系、占据移动互联网高地等优势，从淘宝、天猫的釜底向外抽薪。

在他看来，微信是以小时甚至是分钟为使用频度的移动应用，而淘宝是以天甚至是周为使用频度的应用。高频率的应用自然会将用户需求吸干，淘宝则被截流；上淘宝购物的用户属于淘宝，不属于商家，上微信购物的用户属于商家。商家在淘宝争取新用户和陌生用户，一次性的，商家在微信维系老用户，永久性的。

而洪波也认为，如果微信将来控制着整个跟购物搜索相关的流量，这会使得阿里处于下游，命运掌握在别人手里。微信带来的失控是阿里不愿意看到的。

马云的危机感也非常强烈，他在内部邮件中表示，阿里也开始经历前所未有的移动互联网的挑战。"以前，我们对别人、别的行业呼吁，天变了。现在我们发现自己头顶上的天也变了。我们脚下的稳健土地也在变化。"

▎▎ 逼出来的开放

抄袭、不创新，这曾经是业界贴在腾讯头上的标签。

仅仅基于一款产品QQ，腾讯将自己的商业帝国做到了极致。然而，俗话说得好，出来混总是要还的。3Q大战之后，腾讯也被逼不得不面对开放这门必修课。

无论当时做这个决定有多艰难，但腾讯这只硕大的企鹅毕竟也走出了第一步，并且交出了一份炫目的成绩单。

官方数据显示，2011年6月15日正式对外宣布开放后，腾讯帮助数百万注册开发者、上千万人实现了就业机会，其中2013年年收益超过1亿的开发者达到10家，26款应用月流水超过1000万，100多款应用月流水超过100万。过去两年间，腾讯为第三方创造的总收益超过50亿。

腾讯COO任宇昕还表示，2014年腾讯将延续PC端的开放能力，全面投入移动化，未来两年，希望为第三方开发者实现总收益超过100亿。

而具体的举措，则是拿出旗下产品应用宝承担资源整合和应用分发的作用，实现"一点接入多平台分发"。与此前通过浏览器、手机管家等分散的应用分发渠道不同的是，重新设计的应用宝将起到中枢的作用，整合微信、QQ、QQ空间，手机QQ、手机管家等7个用户过亿平台，让用户在多个场景下都可以方便地下载到应用，把用户需求与开发者的应用最高效地连接起来。

然而，第三方开发者最梦寐以求的，还是微信平台。进入智能手机时代之后，微信已经逐步取代了QQ，正在形成另一个垄断性的社交网络，并催生出一个庞大的商业帝国。因此，目前对腾讯来说，开放的问题主要是微信的开放。而从目前的情况来看，微信平台的开放还没有什么实质性进展。

在洪波看来，腾讯仍然是以产品为核心的腾讯，但其观念的变化还是比较明显的，那就是越来越重视平台。"未来的用户的需求越来越细，那么通过第三方来解决，是个双赢的事情。可以看出来，腾讯的平台思维正在完善中，但是从过去的产品思维到平台思维的过渡仍然需要一段时间。"

（原文刊发于《时代周报》2014年2月14日第271、272期合刊）

解密京东金融：对一切金融牌照感兴趣

文 /柯智华

"（京东金融）对一切金融牌照都感兴趣。"负责京东金融战略研究和内部管理工作的京东金融副总裁姚乃胜如此阐述京东金融的野心。

独立于2013年10月的京东金融，在不到两年时间内以极其迅猛的速度完成布局，俨然已有互联网金融大鳄之势。目前，京东金融现已建立七大业务板块，分别是供应链金融、消费金融、众筹、财富管理、支付、保险以及证券，陆续推出服务B端的投融资（网商贷、京保贝、京小贷）、众筹等；在C端，则推出白条（京东白条、京东钢镚）、众筹（产品众筹、股权众筹、轻众筹）、理财等。

在牌照方面，京东已拿下支付、小贷、保理、基金销售支付结算等多张金融牌照，其余的如征信等各种牌照"京东金融亦在积极申请之中"。

"按照刚刚公布的互联网金融指导意见，里面所涉及的几大互联网金融业态——支付、借贷、股权众筹、基金销售、保险、信托和消费金融，京东金融基本完成了布局，已经是一个综合性的互联网金融混业集团。"易观国际分析师马骁在接受时代周报记者采访时说。

不过，这个正在崛起的新兴互联网金融新贵仍处烧钱布局阶段——除了供应链金融有利润外，其余业务板块大多仍以抢占市场为主。尽管业内人士认为，整体而言蚂蚁金服领先于京东金融，但是在消费金融、供应链金融和众筹的具体业务板块上，京东金融却做到了市场第一。

对于京东金融，刘强东寄予厚望。2014年3月底，刘强东在"中关村"企业家俱乐部和李彦宏、雷军等大佬一起开研讨会时，曾放出豪言，称京东未来70%的利润都将来自金融。

"对金融各个业务条线的增长要求都很高，每个业务线必须做到全行业前三。"姚乃胜说，"我们在等京东金融的壮大"。

‖　众筹领跑

8月7日，证监会发布《中国证监会致函各地方政府 规范通过互联网开展股权融资活动》，进一步强调了对股权众筹定义的统一，并且表达了对不符合股权众筹定义的平台清理的强势态度。

随后市场传闻股权众筹只留平安、京东和蚂蚁金服三家，其他的都将被清理。

"京东股权众筹'东家'平台属于非公开股权融资行为。市场上有些平台宣称自己拿到了带有'股权众筹'字样的营业执照，只是普通意义上的工商营业执照，而并非业界通常所指的'牌照'。"京东金融副总裁、股权众筹业务的负责人金麟在接受时代周报记者采访时解释说。

尽管目前尚没有官方消息说有平台拿到证监会下发的被业界称为"公募版股权众筹"的牌照。但上述三家公司被认为是最有希望拿到第一批牌照的公司。

"京东依据自己的电商平台，先做产品众筹，当把众筹的概念推出去之后再来做股权众筹，因此能做得风生水起。"马骁接受时代周报记者采访时说，从前述意见看，网络融资的监管或许会比较严格，公募版的股权众筹或和信托一样，将会设置一定的门槛。

京东方面提供给时代周报的数据显示，自2014年7月1日上线至今年7月1日，京东产品众筹筹资总额破8亿元，项目筹资成功率已超90%，其中筹资百万级项目超100个，千万级项目已有13个。小牛电动车以7200万元的总筹资额勇创国内最高权益类众筹纪录，三星S6钢铁侠限量版手机更以35.9万人的超高人气勇夺全国参与众筹人数之最。

零壹财经统计的数据显示，2015年上半年，商品众筹整体交易规模达到8亿元，其中京东众筹达到4.50亿元，占比56.3%。2015年上半年商品众筹项目TOP15中，京东众筹项目占到9个。

京东股权众筹"东家平台"今年3月31日上线，并宣布成立京东众创生态圈，为创业企业提供全产业链一站式创业服务。"东家平台发展至今，已为投资者呈现了近50个优质股权众筹项目，融资总额达超4亿元，完成率110%。"金麟告诉时代周报记者。

京东股权众筹采用了市面上流行的"领投+跟投"模式：由红杉资本、真格资本、紫辉创投、戈壁创投等50多个机构作为领投，其他人跟投。盈利模式上，收取成功项目融资总额的3%作为平台佣金。

但和其他股权众筹不同的是，京东还提供后续服务。京东众创生态圈已累计为包括雷神、夹克厨房等近50家创业企业提供了包括对接众创学院、京东众筹、京东到家、京东支付、京东商城、供应链、市场营销在内的投后服务，对接业务额已过亿元。

"京东众筹是一个融资平台，也是一个孵化平台。"金麟说，京东东家一直将自身定位于符合中国证券业协会下发征求意见稿中所提及的私募股权融资平台，并且在证券业协会备案。

时代周报记者了解到，京东的私募股权融资业务团队一直与监管层保持着密切的沟通，随时听取监管层的指导意见，保证平台融资行为处于合法合规之下。

"股权众筹在中国的发展仍有待观察。目前，一方面在大众创业万众创新的背景下创业氛围比较浓，科技行业偏多；另一方面，股权众筹的发展需要有完整的退出机制。"马骁表示。

‖　让银行紧张

近日，中国银行中小企业部分析师薛洪言在《清华金融评论》发表名为《围剿银行业》的文章中称："慢慢地，银行业会发现，互联网金融对其影响并非简单的银行业务互联网化，随着实体经济金融化，银行的核心业务根基正被逐步蚕食，银行业也许很快会发现，行业的冬天到来的远比想象中要快得多。"

薛洪言特别提及京东："近年来，上述平台类企业纷纷设立小贷公司和消费金融公司，并申请设立征信公司、民营银行等，进行金融集团化发展。以京东为例，京东金融业务除了涉足传统的存、贷、汇之外，还延伸至供应链金融、消费金融、众筹、财富管理、支付、保险等领域，并以此构成了目前京东金融业务的六大板块。"

"供应链金融、消费金融的确让银行感到了压力。"马骁说，正因此，传统的银行机构也开始涉足电商平台，比如工行推出融E购，建行退出了善融商务个人商城。

对京东而言，供应链金融是其最早推出的金融服务。目前有两个产品系列："京保贝"和"京小贷"。

"京保贝"，主要面向京东的供应商，包含应收账款池融资、订单池融资、单笔融资、销售融资等多个产品；"京小贷"主要面向京东的平台商户，其中有面向法人和法人代表的产品。二者都无需开户、担保和抵押，客户也可通过担保增信来提高贷款额度。

在2014年全年，京东供应链金融总计放贷100多亿元，全部来自自有资金，周期从3个月到12个月不等。

同样的逻辑还发生在消费金融上。

"国家在近几年将消费金融从传统银行体系中剥离出来，消费金融将越来越与消费场景相结合，更加互联网化和移动化，懂消费者、善于拓展消费场景的互联网巨头在消费金融领域的优势将越来越明显。京东白条上线一年半时间，业务量同比增长了600%，用户量增长了700%。"京东消费金融事业部总经理、出身于工商银行的许凌告诉时代周报记者。

京东消费金融，包括白条和"白条＋"、钢镚、金采、乡村金融等业务，特别是白条，是整个行业里第一个信用支付产品。"白条＋"正在走出京东，目前已在租房、旅游、校园等垂直领域进行了广泛布局，未来还将加入更多垂直行业和消费场景当中去。

"消费金融的市场非常广阔。目前，消费金融在国内银行自身的体系内所占份额很小，而在发达国家普遍占据较大份额，正因此这也成为互联网金融行业的机遇。"许凌说。

与此同时，京东的供应链金融和消费金融也面临着考验。

"最大的劣势也许是资金压力，未来两三年京东的自有资金支持这些业务不成问题，但随着业务的进一步壮大或会达到瓶颈，目前这些业务用的是小贷牌照，小贷公司的资金来源有限。"马骁说，因此这促使京东在申请可以在银行间市场进行拆借的消费金融公司的牌照。

另一方面，放贷的核心是风控，坏账率的高低或将从根本上决定了京东放贷业务的规模。

"所有的消费金融回归到本质，是对消费者风险的控制，而这个风险控制不是一味地拦，而是一个筛子，把能接受的风险放在里面，把不能接受的风险放在外面。至于不良率，要控制在承受的范围内。"许凌说。

许凌补充说道，根据京东生态圈的厚数据和京东搭建的风控体系，可以对用户进行信用评级，并据此提供不同额度的授信。

|| 互联网金融帝国的下一步

除去供应链金融、消费金融和众筹外，京东金融在理财方面同样颇具特色——和蚂蚁金服相比，理财范围更广，产品从高风险高收益到低风险低收益都具备。

7月底，京东在行业内首推一只私募FOF（Fund of Fund，投资于基金的基金）——弘酬集结号FOF，该基金投资标的为四只私募产品。此前，京东理财已经布局了京东小金库（对接货币基金）、基金理财、小银票（票据）、保险理财、非标资产。

京东理财管理负责人表示，目前主要竞争对手（如阿里、百度、腾讯等）的理财频道基本就是产品列表式陈列，客户不知道这些产品是否符合自己的需求，而京东理财试图打破这一局面。值得一提的是，早在2013年蚂蚁金服推出余额宝后，京东就开始和基金公司合作推出定制化产品。

此外，京东在今年5月还上线了证券业务，该平台将为以私募基金研究员、证券分析师为主的专业证券从业人员提供技术服务及交流，同时为普通用户提供"模拟操作"及"投资教育"。

在互联网金融的业务中最受关注的则是支付。"支付宝毫无疑问排名第一，微信支付现在也很厉害，相比较而言京东支付目前主要还是局限于京东生态圈。"马骁介绍说。

京东或不甘心于此。如何"走出京东"，成为一个必须解决的问题。4月28日，京东金融对外宣布将旗下的支付产品更名，网银钱包更名京东钱包，网银+更名为京东支付，"支付是京东的战略级业务，连接了京东整个生态圈，能够为用户提供支付、理财、购物、资产管理等金融服务能。"京东金融副总裁丁晓强说。

7月22日，丁晓强在"移动支付安全未来"发布会上宣布与联想云达成战略合作，开启指纹识别支付功能。一周后，"金融一号店"也宣布接入京东支付。

在京东的互联网金融帝国建设过程中，蚂蚁金服是绕不开的同行和对手。

　　来自中申网的报告认为，目前京东和阿里在互联网金融方面的布局各有所长。阿里在第三方支付、互联网征信、银行业务等方面具备一定领先优势。京东在创新性互联网金融方面的敏感性更胜一筹。或许受制于体量太大，阿里的反应似乎略逊于京东。

　　显然，在互联网金融仍处在跑马圈地的当下，还没有出现绝对的王者，"传统的企业进入互联网金融来势汹汹，比如万达和快钱的联姻，迅速切入该领域。"马骁说，今后可能会形成三四家互联网金融综合金融巨头。

　　不过，中央财经大学金融法研究所所长、互联网金融千人会创始人黄震认为大的格局基本已定。他告诉时代周报记者："今后在互联网金融领域可能只剩下两家巨头，阿里系和腾讯系，腾讯入股了京东，京东也属于腾讯系。"

（原文刊发于《时代周报》2015年8月18日第349期）

众托帮CEO乔克：网络互助不是生意

文 / 胡秋实

1月6日上午，在北外滩的中科招商国际财富中心大厦，众托帮创始人兼CEO乔克连续接受两位记者专访，因下午要赶往一个合作洽谈而耽搁午饭；从华泰保险个险总经理，转身成为创业者，乔克感受着从无到有的紧凑与忙碌。

不过，对他而言，2016年最大的体会应当是惊喜，这个惊喜正是众托帮飞跃式的发展，"原本投资方对我们的期许是到2016年底完成30万用户，结果出乎我们意料的翻了十几倍，现在众托帮已拥有近570万用户"。

在全国120多家网络互助平台当中，众托帮展现出不一样的身姿，已然占据网络互助行业半壁江山。乔克说，"保监会近期发布对网络互助平台进行专项合规整治的通知，明确指出网络互助不是保险，网络互助平台也不能经营相关保险业务，在这一点上我们是完全合规的。这也可能跟我们管理团队大都来自于国内大型保险集团的高层有关，所以众托帮在风控水平以及专业水准上优于许多单纯的互联网创业者"。

然而，互助行业刚刚兴起，尚未形成明晰的盈利模式，国内的众多平台都是在摸索中前进。乔克直言："网络互助模式本身是一种非盈利的模式，所以我们的平台在创业前期是不考虑盈利的，但我们有望在2018年实现盈利。我们的初心是希望能够打造一个社会型企业，实现健康互助、普惠万家的目标。"

对于未来，乔克满怀期待，意欲2018年众托帮平台的用户突破亿万级别。

‖ 一个保险老将的情怀

走进中科招商大厦8楼，众托帮办公室五十来位员工正忙碌着。正是这个团队，在业内表现出惊人的发展速度，备受媒体的关注。在国内作为一个新兴行业，众托帮所代表的网络互助也接受着社会各界的审视。

时代周报记者来到之前，乔克刚刚接受完另一家媒体的专访，他一直致力于向社会各界传达，网络互助是一种众人受益的模式，众托帮也是一个值得信赖的平台。

乔克，毕业于西安交通大学的理工科专业，但对于互联网用户习惯却有着自己深刻的见解，这也融入到众托帮产品的细节当中。

重要的是，他在传统保险行业从业14年，拥有着深厚的专业背景。作为保险行业老将的他，有着不少值得称道的过去；早在2003年，年仅25岁便成为中国平安最年轻的地市级总经理，而后在泰康担任省市级负责人，并且曾长期担任华泰保险个险总经理。

对于为什么选择创业，乔克表示此前一直在研究互联网保险，并且看到共享经济蓬勃发展的趋势，例如共享出行、共享住房、共享知识等，在他看来共担风险也是共享经济的一部分；在保险行业14年，对于弱势群体面临"因病致贫""因病返贫"的现状深有感悟，乔克认为网络互助平台具备着较高的普惠价值，所以投身其中。

"以500万会员为例，每位会员只需要预存10块钱加入众托帮，当计划内的会员出现重大疾病需要救助时，互助计划里的其他会员每个人只需要捐助6分钱，便能够凑足30万元互助金给予需要帮助的人，这就是网络互助。"基于这样的模式，乔克对未来有着巨大的信心。

就在不久前，中国人民大学中国保险研究所网络互助研究中心发起"首届网络互助高端论坛"，对网络互助行业，各方达成共识：网络互助不是保险，也不是慈善，在某种程度上是社会资源的一种创造性的优化配置。

有趣的是，外界称乔克为"乔帮主"，这一江湖气息浓厚的称谓，也体现出众托帮"扶危济困"的理想。"众托帮不只是一个生意，还是一个善行，网络互助其实是在用商业手段解决社会问题。就像欧洲的很多社会企业，用自身商业化的手段帮国家解决精准扶贫的问题。"

另外，众托帮践行的网络互助模式，也引起了印度、印度尼西亚等发展中国家的关注，印度媒体曾在2016年报道过众托帮，声称众托帮这样的网络互助平台具有极大的社会价值，对于国家无法解决所有老百姓的重症医疗的问题提供了借鉴意义。

乔克表示："《礼记·礼运》中曾提到大同世界，使老有所终，壮有所用，幼有所长，鳏寡孤独废疾者，皆有所养……是谓大同。"

‖ 500多万用户

在创业之初，众托帮便获得中科招商单祥双等知名投资机构和投资人1亿元的天使轮投资，并且中科招商高度认可众托帮的产品模式，给予了全力支持。乔克提到"我们的早期会员大部分都是中科招商以及中科招商旗下投资的创业企业的员工，正是这部分初始会员，为我们今天的成绩奠定了良好的基础"。

当然，创业终归是艰辛的，是从无到有的过程，众托帮团队在乔克的注视下开始真正成长为一个拥有凝聚力和创业气质的企业。

乔克回忆，"在最开始我们并不被人所熟知，光是资金的第三方托管，我们谈了接近上十家银行，花了大量时间去沟通；B端会员的拓展，从一开始谈十来家能成功两家，到最后我们谈十家几乎都能谈成，而且现在有银行主动找我们谈托管的事宜"。

他还提到一个细节，在获取会员方面是公司全员出动，很多员工在工作中高度认可公司产品，员工们非常乐意去向身边的人推荐，公司后台数据可以看到有一位员工，一人便推荐了1000多位会员加入。

"我们从北京来到上海办公，真实感受到北京和上海比较大的人文差异，上海职场打工文化比较浓重，不过经过近一年的成长，众托帮团队也开始展现出创业团队的特质。他们能感受到公司快速发展并认可公司产品的意义；我们逐渐从一个打工型团队向互联网创业型团队演化。"乔克笑着说道。

值得一提的是，2016年是网络互助行业的元年，涌现出120余家网络互助平台，但具备良好专业背景和技术过硬的企业却寥寥无几。

乔克谈及网络互助行业的兴起："网络互助行业是2016年才开始兴起，可以说2016年下半年，互助产品才逐步为大众所熟知，但是大家还并不了解它的深刻内涵；而许多的创业者都是跟风试水，我们出身传统保险行业，对政策红线的把握，对产品风控都相比更为专业，这也是我们在众多平台中脱颖而出的重要原因。"

公开资料显示，在2016年，国内涌现出来的120多家网络互助平台在业内外争议不断，有多家互助平台因涉嫌经营保险业务而被保监会点名，也有个别平台因为自身经营不善而停止运行，幸运的是，这个包容的行业也以包容的态度成长。"我们在2016年7月份的时候就接管了未来互助平台的会员，将来如果还有类似情况发生，我们也继续欢迎停止运营平台的会员转入我们众托帮。"

乔克表示，"网络互助平台作为国内新兴事物，还有待市场的检验，而监管部门也明确指出，互助不可以做保险产品；并且将国内互助平台进行了分类"。众托帮凭借其专业的创业团队背景和技术背景，在风控等方面更为严谨，当下来看是符合监管层要求的。

截至目前，成立于2016年3月的众托帮，已经拥有近570万会员，这大大的超出众托帮管理层的预期。"我们成立时，投资方对我们的期待是到2016年年底实现30万的用户增长；回头细想，这500多万用户的激增，主要是源自于网络互助模式本身的魔力。"乔克说。

‖ 剑指2018

虽然，2016年获得快速发展，但乔克并未因此而感到未来唾手可得。"2016年是0到1的过程，甚至都没完成1，2017年我们还要进行市场化教育，让更多的人明白什么是网络互助，因为在前期可能很多人还不太明白，就懵懂的参与进来。"

"如果市场教育到位，未来成长空间巨大，预计2018年会有一个爆发式的发展，若有上亿用户进来，这样众托帮平台就具备极高的商业价值。"乔克对未来满怀期待。

就盈利模式来说，乔克直言整个行业都还在探索阶段，他举例说道："众托帮网络互助平台现在就像在修一条马路，而我们未来的赢利点就是在马路两旁不断地修服务区，比如我们在平台上推荐体检产品，再如还可以做其他的电商方面的延伸。目前主要还是针对医疗健康，并且已经着手做这件事情。"

"现在是肯定不盈利的，我们自己建的财务模型是预计2018年实现盈利，2017年一季度末有一个A轮融资。借助融资还要做一些产业布局；自身也还没有一个固定的模型，很多时候盈利模型是需要探索的，就比如现在很流行的共享单车，因为遍布大街小巷，产生了很好的眼球经济。"乔克说。

此外在技术层面，众托帮成为首个在网络互助行业落地区块应用的平台，并已获得专利。"我们创始人团队大多来自平安，还有微软公司技术背景人员，在区块链领域有专业背景和专利，在网络互助和公益慈善领域有一个很好的应用场景。"乔克说。

对于区块链的应用，也是众托帮能在众多企业当中脱颖而出的基础之一。乔克解释说："因为互助面临着信任问题，大众为什么选择相信众托帮，因为我们创业初期就运用了区块链，区块链可溯源和不可篡改的特性，使参与到其中可以通过技术来自证你的资质，拥有了数据来源解决了地位对等、信息对称、过程透明等问题，让网络互助成为了一种可信的帮助方式。"

成立至今，乔克坚定不移地相信未来有着无限可能，他相信只要众托帮一如既往的坚持规范发展，大众会改变今日对网络互助的将信将疑。

对于身怀大侠情怀的乔克来说，他的梦想是将众托帮打造成为"健康互助，普惠万家"的平台，让网络互助成为普罗大众的日常生活方式。

（原文刊发于《时代周报》2017年1月17日第423期）

货币创新升级：中国央行领跑数字货币

文 /刘 丁

到北京出差，小李忘记带钱包，但没想到，从高铁站到滴滴打车，从星级酒店到城中村的拉面馆、煎饼摊、小卖部，他用手机扫一扫印着二维码的小纸片就能顺利完成支付，一周的行程，根本不需要现金。

小李北京之行所用，只是简单把纸币变为电子形态，而真正的变革，还要看数字货币，那是崭新的事物，天生具备颠覆的基因。

作为货币创新升级的产物，数字货币不仅可以降低传统纸币发行、流通的高昂成本，还能提升经济交易活动的便利性和透明度。在国际货币基金组织总裁拉加德眼中，这是能将金融业带入"美丽新世界"的东西。

在全球央行赛跑数字货币研究中，中国央行跑在了前列。从2014年起，中国央行就成立了专门的研究团队，对数字货币发行和业务运行框架、关键技术、发行流通环境、法律问题等进行深入研究，几年来不断取得新的进展。

不过，事兴一利，必生一弊，货币创新也是如此。6月19日，中国央行发布提醒指出，有个别企业冒用央行名义发行推广数字货币，许多机构涉嫌传销和诈骗。

"数字货币的核心本质在于规则，各国央行如果广泛推行数字货币，意味着货币有锚、不能滥发、汇率差消失、货币政策对经济的冲击将下降到最小。"太和智库研究员张超对时代周报记者说。张超师从"欧元之父"蒙代尔教授，也是中国人民大学国家货币研究所研究员。

张超进一步解释说，这意味着当前以美元为主的国际货币体系，将被颠覆，替换成一种新的体系。

‖ 数字货币溯源

人类货币历史不停前进。原始社会用贝壳，封建社会用黄金白银铜钱，工业革命后用金本位的英镑，布林顿森林体系之后用各国央行主导的美元、欧元、人民币等。

数字货币的诞生要追溯到2008年前后。

在那场大萧条以来最严重的全球性金融危机中，金融崩溃、公司倒闭。根据德国中央合作银行和贝伦贝格银行的分析数据，危机给世界经济造成的损失达到8万亿欧元，其中，美国的损失相当于2012年GDP的11%，德国的损失相当于2012年GDP的19%。

还是困扰社会几百年的那个大问题：人类的经济金融体系，究竟怎样才能摆脱经济周期、货币周期的冲击？

不过，在肯尼亚，这个几乎是世界上最贫穷国家的独特金融体系，反而对这场全球性金融危机完全免疫。

肯尼亚太穷了，穷到没有能力在全国建设银行网点，但由于人们都在外打工，需要不断给乡村的亲人们汇款，于是，有了"M-PESA"。

这是肯尼亚电信运营商SAFARICOM推出的产品，在其网络中注册的手机用户，充值话费，之后只需要发送文字短信，就可以把这部分钱转账、支付，或者提现。而电信运营商拥有覆盖全国的网点，能为用户提供服务。

"M-PESA"2007年推出，到了2010年就已经有超过一半肯尼亚人使用，到了

2012年，用户数量已经达到1500万。

到了2009年，一个叫中本聪的人，创建了更加严谨的技术体系，这就是区块链技术为基础的数字货币。

传统的货币体系，人们由于信任，所以持有央行印刷的纸，当作钱去买东西，人们持有的这张纸的数量，记录在银行的账本中，这张纸的价值则最终由央行决定；当资金转账时，需要先告诉银行，银行再去操作，之后钱才能到另一个人手上；肯尼亚的"M-PESA"，虽然让人们摆脱了银行，但却还是要依赖电信运营商这个中心结点。

但数字货币，账本是同步保存在所有网络结点当中，人们所拥有的货币数量，以及人们转账给别人的货币数量，是被整个网络系统所见证。这样就不再需要中心结点来记账、划转。

由于没有中心结点，所以数字货币的产生，并不是由央行发行，其总数量的多少、发行快慢，并不根据任何权威而改变。

最明显的改变是，跨境汇款变容易了。在传统货币体系下，不同银行间的确认、政策限制等环节至少需要浪费3～5天时间。

"对部分人来说，这是一个令人恐惧的未来，"拉加德指出，但她则选择用莎士比亚《暴风雨》中的句子来形容心情，"神奇啊！美丽的新世界！"拉加德在《金融科技：金融业的美丽新世界》一文中写道。

据统计，到了2016年，全球数字货币的数量已经发展到656种。目前，全球数字货币总市值已经超过1000亿美元。

|| 各国央行态度逆转

数字货币咄咄逼人发展了几年后，各国央行、政府的态度出现了戏剧性逆转，正从防守转向进攻。

2014年8月，俄罗斯政府颁布严厉的禁令，打击数字货币。这个饱受批评的法案规定，无论是俄罗斯企业还是公民，一旦被发现发行、创建、故意传播有关数字货币的制作或操作信息，就会被处以罚款。

此后，俄罗斯的态度慢慢发生微妙变化，2016年俄罗斯金融监管机构的官员对外宣布，俄罗斯正计划创建自己的数字货币，同时禁止其他数字货币的使用。

2017年6月，俄罗斯总统普京召见数字货币"以太坊"的创始人，并说"数字经济本质上是创造全新商业模式的基础"。俄罗斯央行副行长也同时对外宣称，现在是俄罗斯推出法定数字货币的正确时机。

"这是趋势，闭关锁国是不现实的。"太和智库研究员张超对时代周报记者说道。

日本央行的反应速度也很快。在2013—2014年前后，日本央行和政府在数字货币的对外口径是：加强监管、打击犯罪组织洗钱和毒品交易，计划推出法规等。即便到了2016年底，日本央行副行长还是表示，央行没有任何发行数字货币的计划。

但到了2017年，日本央行仿佛被针刺醒了，突然意识到了什么，态度紧急转弯。3月，日本向俄罗斯提出建议，在有争议的北方四岛共同发行数字货币，而不再争论是用日元还是卢布；4月，日本央行副行长宣布，央行将发行一种基于区块链的法定数字货币。6月，日本几家主要银行已经开始测试数字货币在国内资金转账的业务。

"日本希望借机改变美元主导的国际货币体制，这是日本人的夙愿。"中国现代国际关系研究院全球化研究中心主任、日本问题专家刘军红对时代周报记者解释道。

"数字货币的技术决定了它的规则是确定的，不能随意修改，如果央行发行法定数字货币，意味着这种货币的发行数量、规模、定价都是规则确定的，而不能被任何权威随意更改，这也就意味着，每个货币都有了锚。这就颠覆了当前美元主导的国际货币体系。"张超对时代周报记者说。

"由于规则固定，不同国家央行发行的数字货币之间，汇率也将是固定的，不会像现在一样存在炒作空间。"张超对时代周报记者说，如果若干个国家组成联盟，在内部用数字货币进行货币兑换，对现有美元体系的挑战就会更直接。

美联储对数字货币的关注始终没有松懈，2017年1月，美联储的研究团队发布了一份长达60页的研究报告，对数字货币做了深入研究，得出的结论是：数字货币可能改变支付行业格局。

即便结论如此，即便许多美国经济学家建议美联储考虑发行数字货币，但美联储官员依然没有松口。美联储波士顿分部副总裁在今年4月说，美联储不会用区块链技术发行数字货币。另一位美联储官员说，数字货币将不会在短期内淘汰美元。

"这对美元是颠覆，美联储肯定不愿接受，但这是个逐步认识的过程，大家会逐步认识到滥发货币的弊端，时代趋势如此，如果你不愿意参与就会被淘汰。"张超对时代周报记者说，"如果美联储的铸币税收取权被打破，美国的金融机构的优势就砍掉了。也就是说，未来，决定金融机构盈利水平的，不会再是货币获取的能力，而是服务"。

|| 中国央行不断推进数字货币

6月19日，中国央行发布提醒指出，有个别企业冒用央行名义发行推广数字货币，许多机构涉嫌传销和诈骗。

从全球数字货币和区块链行业的年度融资金额看，在2012年仅有211万美元，到了2015年却暴增到4.9亿美元，无数创业公司和资本聚集其中，许多证券公司已经将数字货币和区块链行业从计算机行业研究中独立出来，成立专门的研究小组，配备研究员跟踪，并定期发布研究报告。

目前，无论投资数量还是投资金额，美日欧等发达国家都占据主导。83%的金额是投资在美国，10%在欧洲，亚洲仅占4%。

早期的资金更多投资于硬件，但随着数字货币的发展，更多的资金开始投资于数字货币交易所的建设和运营，这个比例已经上升到22%。

恰是由于交易所等领域的投资增多，传销、诈骗等乱象也开始不断显现。江苏沛县法院认定马克币组织系传销，涉案数亿元人民币。根据江苏省互联网金融协会发布的互联网传销识别指南，珍宝币、百川币、马克币等，都是疑似非法传销的项目。

"数字货币交易的广度和深度已经发展起来，完全排斥它是不行的，必须把它纳入管理体系、法律法规体系，如果不管理，只会让其交流变得更隐蔽了，对监管不利。"国家发改委国际合作中心首席经济学家万喆对时代周报记者说。

在全球央行赛跑数字货币研究中，中国央行跑在了前列。中国央行2014年成立发行数字货币的专门研究小组。2016年1月，央行召开了数字货币研讨会，进一步明确央行发行数字货币的战略目标，做好关键技术攻关，研究数字货币的多场景应用，争取早日推出央行发行的数字货币。同年底，央行官网发布招聘信息，招募数字货币专业人士。

2017年1月，央行推出的数字票据交易平台开始进行测试，这个平台就是用区块链技术搭建，并运行法定数字货币。

"根据我们的理解，央行推动的数字货币，依然是以央行信用为基础来发行，只是货币供应的技术、发行与流通框架利用了区块链技术。"深圳某证券公司数字货币研究员对记者说。

"单一国家发行数字货币肯定会很快，但要想在多个国家之间，建立数字货币联盟，主要的障碍不是技术而是政治，这会是漫长的过程。"张超对记者说道。

在万喆看来："数字货币最大的好处，确实是避免货币滥发，但这也是弱点，全球经济不断发展，商品不断繁荣，交易不断繁荣，通货膨胀不可避免，有些温和的通胀，是经济的最佳发展状态。如果回到固定的货币数量状态，不会发生通胀，但是否会发生通缩呢？"

"现在暂时还不能摆脱对国家信用担保货币的依赖。"万喆告诉记者。

（原文刊发于《时代周报》2017年6月27日第446期）

趣店上市资本享盛宴，监管升级
现金贷洗牌

文/宁 鹏

　　10月18日，在线消费分期平台趣店正式登陆美国纽交所，成为继宜人贷、信而富之后在美国上市的第三家中国金融科技公司。趣店发行价为24美元，成为今年美国第四大IPO公司。

　　趣店上市首日迎来开门红，盘中曾大涨逾43％，收于29.18美元，涨幅为21.58％。好景不长，因为饱受争议的现金贷业务，趣店上市以来股价持续波动。10月26日，趣店重挫逾13％跌破发行价。次日，趣店股价迎来反弹，盘中一度直线飙涨逾13％，收盘涨2.06％，收报23.27美元，市值约为76.76亿美元。

　　趣店上市首日总市值即突破百亿美元大关，市值一举赶超了不少城商行与农商行。在这次资本的盛宴中，早期投资趣店的投资机构已通过减持套现过亿元。

　　现金贷的火爆，已引起了监管部门的高度警惕，行业的洗牌随时可能开启。央行副行长易纲近日公开表示，普惠金融必须依法合规开展业务，要警惕打着"普惠金融"旗号的违规和欺诈行为，凡是搞金融都要持牌经营，都要纳入监管。

‖ 资本盛宴

从招股说明书所披露的业绩来看，趣店IPO之前的上半年数据可以用"靓丽"来形容。

2017年上半年，趣店的总营收达18.33亿元，与去年同期的3.72亿元相比增长393%，增长近4倍。净利润的增速更是惊人，上半年实现净利润9.74亿元，与去年同期的1.22亿元相比增长698%。2017年上半年实现的净利润已远超过去年全年水平，超过了很多持牌消费金融公司。统计显示，如果趣店在A股上市，利润规模能排到第195位。

趣店的逾期率数据尤为惊艳。招股书显示，按逾期一月的情况计算，公司至2017年年中的逾期率始终处于0.5%以下。0.5%的逾期率，远远低于同业水平。以老牌持牌消费金融公司捷信为例，从捷信发行的ABS《捷赢2016年第一期个人消费贷款资产支持证券》来看，其逾期率为9.28%。

趣店相信，小额现金贷的高频交易，会为公司带来更多的用户行为数据，进而帮助优化风控模型的信用评估能力。据招股说明书介绍，趣店的风险控制体系运用了大数据、人工智能和深度学习等技术，结合芝麻信用分和用户行为数据来评估用户的还款意愿和能力，进而进行更加精准的风险定价，并降低运营成本。

对于资本而言，趣店无疑是一个极为独特的投资标的。以校园贷起家的趣店成立于2014年4月，其前身是"趣分期"，运营公司为北京快乐时代科技发展有限公司，目前主要业务为"现金贷"和消费分期贷款。2016年7月，趣分期更名为"趣店"，并将服务对象从在校学生拓展至青年群体。

趣店在短短三年多的时间内，走完了从草创到上市的整个过程，并交出了一份漂亮的经营数据。据招股说明书披露，截至6月末，趣店集团注册用户达到4790万，平均月活跃用户数达2890万人，过去8个季度增长率达55.6%。用户数的增长，直接带动了趣店交易额及营收规模的快速增长。

趣店在此次IPO中发行了3750万股股票，融资约9亿美元，并因此成为今年以来在美国上市融资规模最大的中国企业。趣店上市首日总市值即突破百亿美元大关，市值不仅远高于先它上市的宜人贷、信而富，更一举赶超了不少城商行与农商行。

对于早期投资趣店的投资机构而言，这无疑是一次资本盛宴。据称，蓝驰创投与天使投资人吴世春的投资回报已逾千倍。

值得注意的是，部分股东在上市首日即发出减持公告。10月18日，昆仑万维发布公告称，出售趣店部分股权，共获得收益3.45亿元。国盛金控亦在当日晚间发布公告称，公司全资子公司华声香港已转让所持趣店股份23.22万股，价格为发行价24美元/股，交易金额为557.28万美元。

除此以外，华声香港拟在趣店IPO超额配售中出售不超过69.66万股，超额配售机制能否成功实施，取决于趣店上市后30天内股票市场价是否高于发行价。

|| 现金贷的风险

伴随着招股说明书的公之于众，对于其商业模式的质疑亦不绝于耳。对于投资者而言，在关注趣店投资价值的同时，自然不会忽略其商业模式背后所集聚的风险。

趣店的商业模型并非首创，与欧美的发薪日贷款产品颇为类似。在美国，发薪日贷款主要运营于线下，向那些连维持基本生活的开销都有困难的人群发放小额现金贷款。它有放贷金额极小、利率极高、用户重复借贷率极高几个典型特征。

收割穷人是趣店以及现金贷面临的最为严厉的指控。不过据时代周报记者调查发现，现金贷用户构成颇为复杂，很难简单用职业和收入划分。

据招股说明书介绍，2016年趣店业务转向线上后，就一直在接受支付宝的渠道导流，且费用是零。正是有支付宝的流量支持，趣店才得以在短期内获得如此多的活跃借款人和交易额，进而录得高额利润，撑起高达69亿美元的估值。

趣店在招股说明书中承认，公司可以通过支付宝开放平台获得免费入口，获得用户的快速增长。而从2016年起获得的大部分活跃用户，尤其是重复借贷用户，多来自支付宝平台。

事实上，梳理过往数据可以发现，2015年与蚂蚁金服达成战略合作之前，趣店营销效率一直较低，每1元营销支出最高对应2元左右的营收，此后营销效率迅速提升，该数字最高达到约15元。

对此，趣店方面的解释是，此前支付宝给其他第三方服务的导流也不收费。另外，双方商定，自2017年8月开始支付宝会向趣店收取相应的渠道流量费用，费率与支付宝APP内其他"第三方服务"一致。

在风控体系方面，趣店也存在严重依赖芝麻信用的情况。按照招股说明书中对商业模式的表述，趣店的目标人群主要是从信用卡等传统金融无法覆盖到的人群中，挖掘出来的优质年轻消费者。由于这部分人群缺少传统的信用数据，趣店需要通过建立自有的风控模型和系统来完成覆盖。

招股说明书显示，2017年上半年，趣店共放款382亿元，完成4051万笔放款，笔均943元，人均笔数高达5.8次。按照趣店的说法，依靠自己"基于大数据、机器学习和人工智能"的风控系统，它才得以在几秒钟之内评估一个人的信用水平对其放贷。

趣店在招股说明书中提示了与芝麻信用相关的风险，如果无法接入芝麻信用相关的信用分析数据，公司在评估潜在用户信用价值方面会受到严重影响，会降低放款质量，并提高逾期率。此外，在与芝麻信用的合作中，趣店并不掌握某些特定的分析结果，亦会给趣店的风险评估能力带来损害。

对单一获客渠道的严重依赖，可能会对趣店的业务发展产生重大影响。今年2月，趣店在支付宝一个提供消费信贷产品的渠道展示到期后，将获客渠道更换到了其他位置。结合春节期间借贷量减少等因素，这一变化导致第一季度新增用户数环比减少了30.01%。

在今年8月与蚂蚁金服的新协议生效前，趣店的流量成本仍然是零，而之前的所有财报数据都是基于流量免费这一核心基础得来。未来流量成本倘若发生变化，将会直接体现在财报上。

即便如此，趣店与支付宝的导流合约也只有一年有效期，双方的长期合作存在变数。这意味着，如果蚂蚁金服方面的心意改变，趣店亦无计可施。

耐人寻味的是，蚂蚁金服作为趣店的股东之一，占股比例仅为12.5%，却能决定这家公司的成本结构。

此外，还有一个关键问题困扰趣店。根据金融的常识，信用好则利率低。换言之，只有信用较低的用户才会愿意接受较高的利率水平。有业内人士质疑，趣店既然已经通过芝麻信用和大数据等技术手段找到一批优质客户，且获客成本较低，超高的借款利率却与常识相悖。

‖ 监管层关注

美国苹果资本管理公司创始人王效拉表示，从小额贷款或者互联网贷款的角度看，行业的发展是有前途的。

"虽然美国的银行执照监管也非常严格，但申请银行执照美国会比中国宽松一些。所以在政策上的比较，如果国内监管有限制政策，那趣店也会被限制住，这是很重要的一个因素。"在王效拉看来，如果从这个角度去看趣店，只要监管部门没有限制的话，它会有很好的发展。

趣店上市引发了媒体对于现金贷的大量报道，也引起了监管层的关注。即使在美国，发薪日贷款也是一个犹如过街老鼠般的生意，多数媒体对该产品的评价非常负面。2016年，Google甚至决定在全球范围内禁止发薪日贷款这类产品的广告投放。

金融科技会时常面对监管的不确定性。据趣店投资人、昆仑万维CEO周亚辉披露，2016年7月6日，趣店准备召开品牌升级发布会，当天中午北京监管部门找其创始人罗敏谈完话，说政府会出台文件，让他在期限内把校园贷都停了。

银监会早有明文规定，非持牌金融机构不得向学生发放信用贷款。对于趣店而言，只有将学生分辨出来，再把相应债权直接对接给持牌金融机构才可能合规。

此外，趣店手中的两块小贷牌照，已经触碰到了借贷上限的天花板。2016年，趣店通过江西抚州高新区趣分期小额贷款有限公司和赣州快乐生活网络小额贷款有限公司两家主营互联网小额贷款业务的子公司，分别获得了借贷限额 30亿元和27亿元的小贷牌照。但趣店在财报中提醒，公司通过小贷牌照获得的借贷限额，已经无法满足公司业务增长的需要。

为了满足业务发展对资金的需求，趣店与数家信托公司合作成立信托基金发放贷款，即便如此，资金提供量也未必能够满足趣店交易量上升的需求。实际上，包括银行、信托等第三方外部资金渠道在内，趣店2017 年第二季度的季度交易额已经达到了215.25 亿元。监管层还有可能将这种行为认定成为借贷方，从而推行更为严格的监管措施。

现金贷火爆背后的利率畸高、风控缺失、暴力催收等风险及衍生的各种社会问题，也引起了监管部门的高度警惕。

此前，已有地方金融办向银监会提出异地展业监管的问题。有业内人士称，按照原先拟定的指引思路，网络小贷的审批权或将上收，即网络小贷牌照审批将从原先的地方发放上收，改至当地银监局推荐后，再由银监会进行审批，但市场监管仍归由地方金融办属地监管。

有接近监管层的人士称，网络小贷之所以纳入互联网风险整治范围内，是出于异地管理的需要。主要是网络小贷突破了地域限制放款，面临异地管理的必要性。事实上，趣店的小贷牌照来自江西抚州和赣州，其业务却遍布全国。

央行副行长易纲近日公开表示，普惠金融必须依法合规开展业务，要警惕打着"普惠金融"旗号的违规和欺诈行为，凡是搞金融都要持牌经营，都要纳入监管。

10月19日上午，银监会主席郭树清在十九大中央金融系统代表团开放日上表示，今后整个金融监管的趋势会越来越严，严格执行法律、严格执行法规、严格执行纪律。

有消息称，监管层或将在明年一季度启动P2P备案工作，且备案公司数量有限。

在10月28日举行的"2017 中国互联网金融论坛"上，中国人民银行金融市场司司长纪志宏表示，在普惠金融领域，未来将按照实质重于形式的原则，实施穿透式监管，贯彻落实好"所有金融业务都要纳入监管，任何金融活动都要获取准入"的基本要求，建立互联网金融的行为监管体系、审慎监管体系和市场准入体系，引导其回归服务实体经济本源。

（原文刊发于《时代周报》2017年10月31日第464期）

监管加速落地，互联网金融格局生变

文 / 曾令俊　　向海霞（实习生）

"一边是海水，一边是火焰，"用这句话形容2017年的互联网金融企业再合适不过。

一方面，互联网金融监管趋严，相关的监管政策连连，从P2P网贷整改、校园贷到现金贷，再到年底的互联网小贷暂停批设，一部分平台在这轮强监管之下主动退出。

另一方面，一些优质的互联网金融平台完成融资，多家平台在美国完成了IPO，比如拍拍贷、乐信等平台接连上市，中国互金概念股扎堆上市令境外投资者侧目。

‖ 监管持续升级

乱象丛生的互联网金融行业，在2017年迎来了监管的全面介入，这股"监管潮"从年初持续到了年底。

2月23日，银监会发布《网络借贷资金存管业务指引》，银行存管成为各网

贷平台备案登记的必备要素，也是各平台合规成本最高的一项工作。截至2017年
11月20日，全国有648家正常运营的网贷平台上线银行资金存管系统，平台存管
已覆盖58个城市。

6月底，央行等部门联合发布的《关于进一步做好互联网金融风险专项整治
清理整顿工作的通知》，对下一步的整改验收作出了具体、详细的部署。

8月24日，银监会再度亮剑，正式印发实施《网络借贷信息中介机构业务活
动信息披露指引》，并给予已开展业务的网贷机构6个月整改期。

12月，《关于做好P2P网络借贷风险专项整治整改验收工作的通知》（57号
文）出炉，要求各地在2018年4月底之前完成辖内主要P2P机构的备案登记工作、
6月底之前全部完成；并对债权转让、风险备付金、资金存管等关键性问题作出
进一步的解释说明。

除了针对P2P行业的各种禁令之外，校园贷也被监管规范。6月底，银监
会、教育部和人力资源社会保障部联合下发《关于进一步加强校园贷规范管理工
作的通知》，明确提出未经银行业监督管理部门批准设立的机构不得进入校园为
大学生提供信贷服务，从源头上治理乱象，防范和化解校园贷风险。

网络小贷业务也成为监管层重点整治的领域。11月21日，"特急"文件下发
到各地互金风险整治办，要求各地立即暂停批设网络小贷公司，禁止新增批小贷
公司跨省（区、市）开展业务。

监管层对现金贷行业必须持牌经营的规定一出，大量的现金贷平台也同样面
临着退出的结局。目前，从事现金贷业务的平台有2693家，而全国只有213张网
络小贷牌照，这意味着2000多家现金贷平台将关停、退出。

网贷之家高级研究员张叶霞表示，这与P2P平台监管思路一致，从文件来看
这只是第一步，先停止新增，后整顿存量，预计此后会出台网络小贷监管细则，
而现金贷也会有相应的整治方案，包括设置准入门槛、业态合规性等。

强监管或将在2018年延续，这轮针对互联网金融的强监管并未暂停。第五次
全国金融工作会议提出"服务实体经济、防范金融风险、深化金融改革"三大任

务，所有金融业务都要纳入监管。在当前以及今后一段时期，金融严监管都将是主要基调。

中央高规格会议多次强调"防范化解系统性金融风险""一行三会"亦持续出台严监管政策。分析称，2018年"防风险""去杠杆"的监管基调虽将延续，但金融领域监管料进一步趋严，且监管政策重点将从"急管理"转向"长效监管机制"的建设。

91金融创始人许泽玮认为，越来越严、越来越细、愈发全面的监管政策释放出一个强烈的信号：合规是平台发展必要前提，是夯实互联网金融发展的基石。

‖ 有的平台出局

在这一轮强监管之下，部分平台选择了退出网贷行业。

2017年7月27日，红岭创投董事长周世平对外称，网贷不是红岭擅长和看好的，平台将在3年内清盘，到2020年末将现有产品全部清理完成。作为网贷行业的龙头企业，红岭创投却亲手切掉网贷业务，提早退场。周世平撂下的一句"网贷不是红岭擅长和看好的"，更是让不少投资者愕然。

红岭创投一直以来都是以大额标在业内闻名，但2016年8月24日银监会发布的《网络借贷信息中介机构业务活动管理暂行办法》明确要求：同一自然人在同一网贷平台和所有网贷平台的借款余额，分别不得超过20万元和100万元，同一法人或其他组织的额度分别是100万元和500万元。这对红岭创投来说必然是重创。

"做了8年网贷，我的心太累了！"周世平坦言，转型是因为垫付和坏账，"我们做到2700多亿元交易量，不仅没有赚钱，还有8亿元的坏账。未来这样的平台没有可能性，我老周也没有底气继续让投资人一直在平台投资，因为长期垫付那个漏洞会越来越大，总有一天平台会爆掉。"

这并不是个案。网贷之家数据显示，截至2017年11月底，P2P网贷行业正常运营平台数量下降至1954家，相比10月底减少了21家。而在2016年11月底，正常运营平台数为2534家，同比下降580家。

在12月57号文件出台后，P2P备案料将成为不少平台的"生死线"，互金行业的"大浪淘沙"终将来临。融360预计，随着2018年初备案登记的正式启动，不能备案的平台只能被迫转型或清退，届时网贷行业或迎来新一轮洗牌。

近期发布的《2017年互联网金融报告》认为，在网贷行业集中度进一步提高的情况下，平台数量仍将持续减少，但减少速度会有所放缓。按照当前平台退出和转型速度（2015年减少1290家，2016年减少1727家，2017年目前已减少575家），结合2018年可能的政策影响，预计2018年平台数量有望缩减至1200家之内。

民投金服CEO陈明告诉时代周报记者，过去数年网贷存量市场积累的借贷风险在爆发，存续平台需要面临坏账风险的应对压力；另一方面是合规成本在加大，部分平台面临业务转型、上线银行存管多方面的挑战。"因此，背景、实力较弱的平台，确实可能会选择退出网贷，进行业务转型。"

|| 有的平台赴美上市

愈加严厉的监管加速互金行业淘汰，有些平台退出，但有些平台成功上市。2017年中国互金企业赴美上市的热情更加高涨，从年初的信而富，到后来的趣店、拍拍贷、乐信等。

除了信而富、和信贷的融资额不足1亿美元，其他上市企业融资额都过亿，趣店的融资额高达9亿美元，成为2017年在美国上市的第四大IPO，也是2017年在美上市的最大规模中国公司，市值一度超百亿元。

2017年12月21日，乐信登陆纳斯达克为2017年互联网金融企业上市潮画下了一个句号。由于乐信是监管新政之后，首个赴美IPO的中国互金公司，对于整个行业来说，乐信能否"通关"上市及此后的股价表现，都具有风向标的意义。悲观情绪笼罩下，乐信头两个交易日逆势上涨近60%。

北京大学国家发展研究院副院长黄益平认为，按照新的监管要求：有场景、获客成本较低、风控能力较好的机构可以继续展业；贷款期限应当适当拉长，保证低利率。

从业绩来看，趣店、拍拍贷、乐信等均实现盈利，其中拍拍贷三季度营业收入12.5亿元，净利润为5.414亿元，较2016年同期增长增长179.8%；趣店第三季度趣店净利润6.5亿元，同比增长322%；乐信第三季度净利润为6817万元，净利润率为4.7%。

而信而富和简普科技目前仍处于亏损状态，2017年第三季财报披露，简普科技净亏损1670万元人民币，信而富净亏损440万美元同比扩大11%。

另一方面，则是互金企业融资不断。截至11月底，P2P网贷行业2017年共发生36例融资事件，总融资金额约87.03亿元。而在11月P2P网贷行业发生5例融资事件，融资总金额约15.05亿元，相比上月明显回温。

"专注细分市场领域的平台更容易获得资本方的青睐，专注于某个细分行业，深耕行业，而不是追逐热点。"广州一互联网金融平台高管告诉时代周报记者。

中国互联网金融协会会长、中国人民银行原副行长李东荣此前表示，中国的互联网金融已经从原来的快速发展转变到现在的规范发展阶段，目前整个形势向好。互联网金融企业选择在美国上市也很正常，主要是有利于企业实现融资，同时又能保持对资金的持续吸引力，只要遵守当地资本市场的规则就可以了。

境外上市的互金企业主要集中在2017年下半年，密集期从9月底开始，爆发期在11月上旬。这轮上市潮并未消停，将在2018年延续，坊间传言陆金所等多个"巨头"将在2018年完成IPO。

（原文刊发于《时代周报》2018年1月2日第473期）